Gaius Iulius Caesar

De bello Gallico
Der Gallische Krieg

Ausgewählt und herausgegeben
von Gerhard Nöhring

Philipp Reclam jun. Stuttgart

RECLAMS UNIVERSAL-BIBLIOTHEK Nr. 19783
Alle Rechte vorbehalten
© 2010 Philipp Reclam jun. GmbH & Co. KG, Stuttgart
Gesamtherstellung: Reclam, Ditzingen. Printed in Germany 2010
RECLAM, UNIVERSAL-BIBLIOTHEK und
RECLAMS UNIVERSAL-BIBLIOTHEK sind eingetragene Marken
der Philipp Reclam jun. GmbH & Co. KG, Stuttgart
ISBN 978-3-15-019783-7

www.reclam.de

Inhalt

Einleitung 7

De bello Gallico (Auswahl)

1. Die Teile Galliens und ihre Bewohner
   (I 1,1–4) 13

2. Die Auswanderung der Helvetier –
   Caesars Eingreifen in Gallien 14
   2.1 Die Pläne des Orgetorix (I 2–6) 14
   2.2 Caesars Erscheinen in Gallien – sein
       entschlossenes Handeln (I 7–10) 19
   2.3 Hilferuf der Haeduer an Caesar (I 11–12) 22
   2.4 Friedensangebot der Helvetier (I 13–15) 24
   2.5 Römerfeindliche Aktivitäten bei den
       Haeduern (I 16–20) 28
   2.6 Die Kapitulation der Helvetier (I 27–29) 34

3. Die erste Überfahrt nach Britannien 38
   3.1 Die Begründung des Unternehmens
       (IV 20,1–4) 38
   3.2 Die Durchführung des Unternehmens
       (IV 22,3–27,7) 39

4. Exkurse 45
   4.1 Britannien – Land und Leute (V 12–14) 45
   4.2 Die Gallier (VI 11–20) 49
   4.3 Die Germanen (VI 21–24) 58
   4.4 Merkwürdige Tiere in Germanien
       (VI 25–28) 62

5. Der gallische Freiheitskampf unter Vercingetorix
   (VII 1–4; 68–69,1) 65

6. Das Ende des gallischen Freiheitskampfes:
Die Belagerung und Eroberung von Alesia
(VII 71; 76–79; 88–89) 72

Begleittexte

7. Caesars Abstammung (Sueton, *Divus Iulius* 6,1)   85

8. Große Entschlossenheit bereits in jungen
Jahren (Velleius Paterculus, *Historia Romana*
II 41,3; 42,2–3) 85

9. Caesars Vorbild: Alexander der Große
(Sueton, *Divus Iulius* 7,1–2) 87

10. Caesars Freigebigkeit
(Sueton, *Divus Iulius* 10,1) 88

11. Wahl zum Konsul und (sogenannter)
Erster Triumvirat (Sueton, *Divus Iulius* 19,2) 89

12. Erster Triumvirat (Velleius Paterculus,
Historia Romana II 44,1–3) 90

13. Caesars »Kollegialität« als Konsul
(Sueton, *Divus Iulius* 20, 1–2) 91

14. Bilanz des gallischen Krieges (Velleius
Paterculus, *Historia Romana* II 47,1) 92

15. Ausrufung des Staatsnotstandes durch
den Senat am 7. Januar 49 (Caesar, *De bello
civili* I 5,3–5) 93

16. Caesars mögliche Beweggründe zum
Bürgerkrieg (Sueton, *Divus Iulius* 30,1–5) 94

17. Die Überschreitung des Rubikon –
der Beginn des Bürgerkriegs (Sueton,
Divus Iulius 31,2–33) 96

18. Erscheinung der personifizierten Patria
am Rubikon (Lukan, *De bello civili* I 183–194) 97

19. Der Beginn des Bürgerkriegs (Velleius
Paterculus, *Historia Romana* II 49,1) 98

20. Bürgerkrieg: Die Schlacht bei Pharsalos –
    Caesars Milde (Velleius Paterculus,
    Historia Romana II 52,3–6)   99
21. Caesars Versöhnlichkeit und Toleranz
    (Sueton, *Divus Iulius* 75,4–5) 100
22. Ein berühmtes Wort
    (Sueton, *Divus Iulius* 37,1–2; Florus,
    Epitoma de Tito Livio II 13,62–63) 101
23. Caesars Maßlosigkeit – Ursachen für seine
    Ermordung (Sueton, *Divus Iulius* 76–79) 102
24. Die Iden des März 44
    (Sueton, *Divus Iulius* 81,4–82,3) 107
25. Geistige Leistungsfähigkeit – militärische
    Leistung – Großmut
    (Plinius d. Ä., *Naturalis historia* VII 91–94) 109
26. Caesars rhetorische Qualität
    (Cicero, *Brutus* 261) 111
27. Die schriftstellerische Qualität der *Commentarii*
    (Hirtius, *C. Iuli Caesaris commentarii de bello
    Gallico* VIII praefatio 4–7) 112
28. Caesars Rang als Redner und Schriftsteller
    (Quintilian, *Institutio oratoria* X 1,114) 113

Anhang
    Abkürzungen und Symbole 117
    Lernwortschatz 120
    Namen- und Sachverzeichnis 123
    Caesars *Bellum Gallicum* 129
    Caesars *Commentarii* als neue historische
        Darstellungsform 131
    Das römische Militärwesen 134
    Literaturhinweise 137
    Die römischen Zeitangaben 139
    Karte Galliens zur Zeit Caesars 140

Einleitung

»Den Namen Caesars sollten alle gebildeten Menschen verfluchen und hassen; denn er war ein Mörder seines Vaterlandes ebenso wie der lateinischen Sprache und der wissenschaftlichen Bildung« (G. Poggio Bracciolini in einem Brief an Scipione Mainenti, 1435).

An harten Kritikern wie diesen hat es Caesar nie gefehlt, ebenso nicht an glühenden Verehrern. Wie nur wenige Menschen weist Caesar in seinem Charakter und in seinen Handlungen eine solche Gegensätzlichkeit auf, dass er bei den Zeitgenossen und bei der Nachwelt gleichermaßen unauslöschlichen Hass und tiefe Bewunderung hervorgerufen hat.

Trotz aller Argumente, die in den letzten Jahrzehnten gegen die Lektüre der *Commentarii de bello Gallico* vorgebracht wurden, konnte Caesar seine Stellung als zentraler Schulautor behaupten. Denn es lässt sich kaum ein anderer antiker Schriftsteller finden, der eine so ungeheure, bis heute reichende Wirkung hat, dessen Werk so gute Interpretationsmöglichkeiten bietet und der ein so glänzendes, für die sprachliche Ausbildung der Schüler hervorragend geeignetes Latein schreibt.

Caesar-Bildnis (aus Tusculum, in Turin); die einzige erhaltene Abbildung, die noch zu Caesars Lebzeiten entstanden sein dürfte.

Bei der Anlage dieser Textausgabe wurde darauf geachtet, den Text nicht in zu kleine Einheiten zu zerstückeln; um eine echte Originallektüre zu gewährleisten, wurden Adaptierungen sowie Auslassungen innerhalb einzelner Kapitel nicht vorgenommen.

Die Caesar-Lektüre ist vor allem dann sinnvoll, wenn Caesar in all seinen Facetten – als Historiograph, Geograph, Ethnograph, Politiker, Militär und nicht zuletzt als Mensch – erfasst werden kann. Dass Schülerinnen und Schüler dies erkennen und das *Bellum Gallicum* als Gesamtwerk verstehen, war das Ziel bei der Auswahl der einzelnen Textstellen: Das *Bellum Helveticum* (Buch I) und der Freiheitskampf der Gallier (Buch VII) als Rahmen zeigen Caesars erstes Eingreifen sowie die endgültige Unterwerfung Galliens. Die erste Überfahrt nach Britannien (Buch IV) lässt Caesars strategische Planung und sein Ausgreifen über das Festland hinaus erkennen. Die geo- und ethnographischen Exkurse über Britannier (Buch V) sowie Gallier und Germanen (Buch VI) sind kulturhistorisch überaus interessant.

Es ist klar, dass in der Schule nicht die gesamte Textausgabe bewältigt werden kann. Doch gerade der verhältnismäßig umfangreiche Text bietet den Unterrichtenden eine große Auswahlmöglichkeit, ob nun der Text statarisch, kursorisch oder auf eine andere Weise bearbeitet wird.

Eine wesentliche Aufgabe der Unterrichtenden ist es also, die Caesar-Lektüre genau zu planen. Dazu gehört, gezielt Textstellen auszuwählen und mit ihnen ein sinnvolles Unterrichtskonzept zu erstellen. Durch pädagogisch wirksames Interpretieren sollen die Schülerinnen und Schüler Einblick in die mit Caesars Person und seinen *Commentarii* verbundenen Probleme erhalten. So können ihnen am Typus des Machtmenschen, an den *Commentarii* als Propagandaschrift mit gezielter Leserlenkung sowie an der Problematik des Krieges und des römischen Imperialismus

Konstanten menschlichen Verhaltens bewusst werden, die sie zur Reflexion anregen. Diese Themen sowie insgesamt die Dichte des Gehalts der *Commentarii*, die sich aus der Tatsache ergibt, dass Caesar Machtpolitiker von weltgeschichtlicher Bedeutung und exzellenter Schriftsteller in einer Person war, machen dieses Werk interpretatorisch äußerst ergiebig. Anregungen und Zusatzmaterial, das es als Interpretationshilfe erleichtern soll, die Gestalt Caesars historisch angemessen zu würdigen, finden sich unter *www.reclam.de/lehrerservice*.

Auch in anderer Hinsicht lässt diese Textausgabe den Unterrichtenden große Freiheit: Passende Bilder auswählen, Arbeitsaufträge erstellen, Tafelanschriften entwerfen – das gehört zu den genuinen Aufgaben des Lehrers. Daher wurde auf eine ausführliche Gestaltung dieser Bereiche verzichtet.

Die Begleittexte weiterer Autoren sollen es ermöglichen, das Phänomen Caesar auch aus anderer Perspektive zu betrachten: Sie laden zu Vergleich und relativierender Beurteilung ein und dienen der Vervollständigung des Caesar-Bildes.

Der Kommentarteil erläutert die einzelnen Textstellen vor allem sprachlich mit dem Ziel des morphologischen, syntaktischen und semantischen Verständnisses. Die Angaben richten sich nach dem Wissensstand von Schülerinnen und Schülern der Mittelstufe. Die traditionelle Gliederung (Kapi-

Caesar-Bildnis (Rom, Vatikan)
aus dem 1. Jh. n. Chr.

tel- und Paragraphenzählung) des lateinischen Textes wurde beibehalten; auf sie bezieht sich der Kommentar.

Vorausgesetzt wird die Kenntnis der in Reclams *Standardwortschatz Latein* (Universal-Bibliothek Nr. 19780) enthaltenen Vokabeln; diese werden nicht angegeben, außer sie erscheinen in einer Spezialbedeutung. Nicht vorausgesetzte Vokabeln werden im Kommentar entweder angegeben oder mit einem Herleitungshinweis versehen, wo sich dies anbietet (das Symbol »~« bedeutet ›entspricht‹, »<« bedeutet ›abzuleiten aus‹, »↔« bedeutet ›ist das Gegenteil von‹).

Vokabeln, die auf engem Raum mehrfach vorkommen, werden nur bei ihrem ersten Auftreten angegeben. Der Verweis »→ V« bedeutet, dass das Wort zu dem Vokabular gehört, welches im Anhang dieser Ausgabe im Lernwortschatz aufgeführt ist; dieser Lernwortschatz enthält alle in der Ausgabe häufiger vorkommenden Vokabeln, die sich nicht im *Standardwortschatz* finden. Da im Kommentar die Angaben nur dem Textverständnis, nicht aber der weiterführenden Wortschatzarbeit dienen sollen, wird dort auf alle nicht unbedingt notwendigen Angaben (z.B. sämtliche Stammformen von Verben, die im Text nur im Präsensstamm auftauchen) verzichtet. Dasselbe gilt für die Kennzeichnung von langen Vokalen. Im Gegenzug finden sich die vollständigen Angaben bei den Wörtern im Lernwortschatz des Anhangs, da mit Hilfe dieses Verzeichnisses aktive Wortschatzarbeit betrieben werden kann und soll. Gleichfalls im Anhang findet sich ein Verzeichnis sämtlicher im Text vorkommenden Eigennamen (auf welches im Kommentar aus Platzgründen nicht jedes Mal einzeln verwiesen wird) sowie weitere Abrisse (z.B. zum römischen Militärwesen), die für das Verständnis der Texte unentbehrlich sind. Die Jahreszahlen beziehen sich auf die Zeit vor Christi Geburt.

De bello Gallico
Auswahl

1. Die Teile Galliens und ihre Bewohner (I 1,1–4)

1 (1) Gallia est omnis divisa in partes tres, quarum unam incolunt Belgae, aliam Aquitani, tertiam, qui ipsorum lingua Celtae, nostra Galli appellantur. (2) Hi omnes lingua, institutis, legibus inter se differunt. Gallos ab Aquitanis Garunna flumen, a Belgis Matrona et Sequana dividit. (3) Horum omnium fortissimi sunt Belgae, propterea quod a cultu atque humanitate provinciae longissime absunt minimeque ad eos mercatores saepe commeant atque ea, quae ad effeminandos animos pertinent, important proximique sunt Germanis, qui trans Rhenum incolunt, quibuscum continenter bellum gerunt. (4) Qua de causa Helvetii quoque reliquos Gallos virtute praecedunt, quod fere cotidianis proeliis cum Germanis contendunt, cum aut suis finibus eos prohibent aut ipsi in eorum finibus bellum gerunt. [...]

◆ **(1,1) Gallia** (Caesar bezeichnet damit dasjenige Land, das von den Pyrenäen, dem Ozean, dem Rhein sowie der *Gallia provincia* eingegrenzt wird.) | **tertiam, qui** *tertiam ⟨ii,⟩ qui* | **ipsorum** ~ *sua* ◆ **(2) institutum** hier: Sitte | **Garunna, Matrona, Sequana** (Flüsse in Gallien) ◆ **(3) cultus atque humanitas** (verfeinerte) Lebensweise und (geistig-ästhetische) Bildung (etwa im Sinn unserer heutigen Begriffe ›Zivilisation‹ und ›Kultur‹) | **provincia** gemeint ist: *Gallia transalpina* | **minime ... saepe** sehr selten (wörtl.: sehr wenig oft) | **commeare** ~ *venire* | **effeminare** verweichlichen (wörtl.: zur Frau machen) | **continenter** ununterbrochen, (an)dauernd ◆ **(4) qua de causa** ~ *ex ea causa* | **praecedere** *alqm alqa re* ~ *superare* | **cum** sowohl iterativum als auch identicum (Grundbedeutung: zeitl. Zusammenfallen zweier Handlungen)

2. Die Auswanderung der Helvetier – Caesars Eingreifen in Gallien

2.1 Die Pläne des Orgetorix (I 2–6)

2 (1) Apud Helvetios longe nobilissimus fuit et ditissimus Orgetorix. Is M. Messala M. Pisone consulibus regni cupiditate inductus coniurationem nobilitatis fecit et civitati persuasit, ut de finibus suis cum omnibus copiis exirent: (2) perfacile esse, cum virtute omnibus praestarent, totius Galliae imperio potiri. (3) Id hoc facilius iis persuasit, quod undique loci natura Helvetii continentur: una ex parte flumine Rheno latissimo atque altissimo, qui agrum Helvetium a Germanis dividit, altera ex parte monte Iura altissimo, qui est inter Sequanos et Helvetios, tertia lacu Lemanno et flumine Rhodano, qui provinciam nostram ab Helvetiis dividit. (4) His rebus fiebat, ut et minus late vagarentur et minus facile finitimis bellum inferre possent;

♦ **(2,1) longe nobilissimus** (bezeichnet die Stellung des Orgetorix innerhalb des helvet. Adels) | **ditissimus** ~ *divitissimus* | **M. Messala M. Pisone consulibus** im Konsulatsjahr des Marcus Messala und des Marcus Piso (= 61 v. Chr.) | **coniuratio nobilitatis** Verschwörung unter dem Adel, d. h. geheime Absprachen mit anderen Adeligen | **civitas, -atis** (f.) Stamm. (Die Adeligen, die Orgetorix für seine Pläne gewonnen hat, dienen offensichtlich als Multiplikatoren und können so den gesamten helvet. Stamm für diese Pläne gewinnen.) | **copiae, -arum** hier: Hab und Gut | **exirent** gramm. korr.: *exiret* ♦ **(2) perfacilis, -e** → V | **perfacile … potiri** or. obl. ♦ **(3) id persuadere** hier: dazu bewegen | **hōc** (beim Komp.) umso | **loci natura** → V | **continere** hier: umschließen, rings umgeben | **una ex parte …, altera …, tertia …** Richtungsangaben | **mons Iura** Juragebirge (→ Namen- und Sachverzeichnis) | **lacus Lemannus** (der heutige) Genfer See | **Rhódanus** (die heutige) Rhône | **provincia nostra** gemeint ist: *Gallia transalpina* ♦ **(4) vagari** umherschweifen, -streifen

qua ex parte homines bellandi cupidi magno dolore affi-
ciebantur.   (5) Pro multitudine autem hominum et pro
gloria belli atque fortitudinis angustos se fines habere arbi-
trabantur, qui in longitudinem milia passuum CCXL, in
latitudinem CLXXX patebant.

3 (1) His rebus adducti et auctoritate Orgetorigis permoti constituerunt ea, quae ad proficiscendum pertine-
rent, comparare, iumentorum et carrorum quam maximum numerum coemere, sementes quam maximas facere,
ut in itinere copia frumenti suppeteret, cum proximis civitatibus pacem et amicitiam confirmare.   (2) Ad eas res
conficiendas biennium sibi satis esse duxerunt, in tertium
annum profectionem lege confirmant. Ad eas res conficiendas Orgetorix deligitur.   (3) Is sibi legationem ad civitates suscepit.   (4) In eo itinere persuadet Castico Cata-
mantaloedis filio Sequano, cuius pater regnum in Sequanis
multos annos obtinuerat et ab senatu populi Romani amicus appellatus erat, ut regnum in civitate sua occuparet,
quod pater ante habuerat;   (5) itemque Dumnorigi Hae-
duo, fratri Diviciaci, qui eo tempore principatum in civitate obtinebat ac maxime plebi acceptus erat, ut idem co-

---

qua ex parte ~ *qua ex causa* | **bellare** ~ *bellum gerere*   ◆ (5) **pro** hier:
im Verhältnis zu | **longitudo, latitudo** → V | **mille passus** → V | **CCXL**
ducenta quadraginta | **CLXXX** *centum octoginta*

◆ **(3,1) adducti … permoti** (schon seit längerer Zeit) zu dieser
Überzeugung gebracht … (jetzt) veranlasst | **proficisci** hier: auswan-
dern | **iumentum** Zugtier, Lasttier | **carrus** → V | **sementis, -is** (f.) Aus-
saat | **suppetere** → V | **confirmare** sowohl ›erneuern‹ als auch ›schlie-
ßen‹   ◆ **(2) biennium** (ein Zeitraum von) zwei Jahre(n) | **profectio,
-onis** (f.) Aufbruch, Abmarsch | **confirmare** hier: festlegen   ◆ **(3) sibi**
Dat. comm.   ◆ **(4) Casticus, Catamantaloedes** (kelt. Eigennamen) |
Séquanus Sequaner | **appellare** *alqm* **amicum** jdm. den (Ehren-)Titel
»Freund« verleihen   ◆ **(5) Haeduus** Haeduer | **qui** auf *Dumnorigi* zu
bez. | **principatum obtinere** → V | **acceptus** *alicui* beliebt bei jdm.

naretur, persuadet eique filiam suam in matrimonium
dat.   (6) Perfacile factu esse illis probat conata perficere,
propterea quod ipse suae civitatis imperium obtenturus esset: (7) non esse dubium, quin totius Galliae plurimum
Helvetii possent; se suis copiis suoque exercitu illis regna
conciliaturum confirmat.   (8) Hac oratione adducti inter
se fidem et ius iurandum dant et regno occupato per tres
potentissimos ac firmissimos populos totius Galliae sese
potiri posse sperant.

4 (1) Ea res est Helvetiis per indicium enuntiata. Moribus suis Orgetorigem ex vinculis causam dicere coegerunt;
damnatum poenam sequi oportebat, ut igni cremaretur.
(2) Die constituta causae dictionis Orgetorix ad iudicium
omnem suam familiam, ad hominum milia decem, undique coegit et omnes clientes obaeratosque suos, quorum
magnum numerum habebat, eodem conduxit; per eos, ne
causam diceret, se eripuit.   (3) Cum civitas ob eam rem
incitata armis ius suum exsequi conaretur multitudinem-

---

in matrimonium dare zur Frau geben   ◆ **(6) perfacilis, -e** →V |
factū zu tun (Supin auf -*u*; im Dt. weglassen) | **probare** hier: glaubhaft
darlegen | **conata, -orum** Unternehmen, Vorhaben | **obtenturus esset**
Umschreibung für den (im Lat.) fehlenden Konj. Fut. zum Ausdruck
der Nachzeitigkeit sowie der innerl. Abh. des *quod*-Satzes   ◆ **(7) non
... possent** or. obl. | **plurimum posse** →V | **copiae, -arum** hier: Mittel
und Macht | **conciliare** verschaffen | **conciliaturum** ⟨*esse*⟩   ◆ **(8) fides**
hier: Treuwort | **ius iurandum** →V | **per** hier: mittels | **potiri** hier: mit
Gen.

◆ **(4,1) enuntiare** verraten | **ex vinculīs** in Haft genommen, inhaf-
tiert | **causam dicere** sich verteidigen | ⟨*eum*⟩ **damnatum** kond. Sinn-
richtung | **poenam sequi** eine Strafe erleiden | **oportebat** Realis |
cremare verbrennen   ◆ **(2) causae dictio** Verteidigung | **familia** hier:
Leibeigene | **ad** (bei Zahlen) →V | **cliens** →V | **obaeratus** Schuldner |
eodem ebendahin | **se eripere** sich entziehen   ◆ **(3) incitatus** erbittert,
aufgebracht | **ius suum exsequi** sein Recht durchsetzen, geltend machen

que hominum ex agris magistratus cogerent, Orgetorix mortuus est;   (4) neque abest suspicio, ut Helvetii arbitrantur, quin ipse sibi mortem consciverit.

5 (1) Post eius mortem nihilominus Helvetii id, quod constituerant, facere conantur, ut e finibus suis exeant. (2) Ubi iam se ad eam rem paratos esse arbitrati sunt, oppida sua omnia numero ad duodecim, vicos ad quadringentos,   (3) reliqua privata aedificia incendunt, frumentum omne, praeter quod secum portaturi erant, comburunt, ut domum reditionis spe sublata paratiores ad omnia pericula subeunda essent; trium mensum molita cibaria sibi quemque domo efferre iubent.   (4) Persuadent Rauracis et Tulingis et Latobrigis finitimis, uti eodem usi consilio oppidis suis vicisque exustis una cum iis proficiscantur, Boiosque, qui trans Rhenum incoluerant et in agrum Noricum transierant Noreiamque oppugnabant, receptos ad se socios sibi adsciscunt.

6 (1) Erant omnino itinera duo, quibus itineribus domo exire possent: unum per Sequanos, angustum et difficile, inter montem Iuram et flumen Rhodanum, vix qua

---

◆ **(4) neque abest suspiciō, quin** und der Verdacht liegt nicht fern, dass | **mortem sibi consciscere** Selbstmord begehen (wörtl.: für sich den Tod beschließen)

◆ **(5,1) nihilominus** trotzdem (wörtl.: um nichts weniger) | **ut** explic. →V   ◆ **(2) ad** (bei Zahlen) →V   ◆ **(3) praeter** ⟨id,⟩ **quod** | **comburere** verbrennen | **reditio** ~ *reditus,-ūs* (m.) | **domum reditio** ~ *domum redire* | **reditiōnis** von *spe* abh. Gen. obi. | **trium mensum** (Gen. qual.) für drei Monate | **mólita cibaria** (Neutr. Pl.): Mehl

◆ **(4) uti** ~ *ut* | **exurere** verbrennen | **una cum iis** ~ *secum* | **ager Noricus** ~ *Noricum* (Gebiet, das in etwa dem heutigen Österreich und südl. Bayern entspricht) | **Noreia** (bedeutender Ort in Noricum) | **adsciscere** *alqm* **sibi socium** jdn. zu seinem Bundesgenossen machen

◆ **(6,1) omnino** (überhaupt) nur | **itineribus** (im Dt. weglassen) | **quibus … possent** Konj. wegen konsek. Sinnrichtung | **quā** wo

singuli carri ducerentur, mons autem altissimus impende-
bat, ut facile perpauci prohibere possent;   (2) alterum per
provinciam nostram, multo facilius atque expeditius,
propterea quod inter fines Helvetiorum et Allobrogum,
qui nuper pacati erant, Rhodanus fluit isque nonnullis locis
vado transitur.   (3) Extremum oppidum Allobrogum est
proximumque Helvetiorum finibus Genava. Ex eo oppido
pons ad Helvetios pertinet. Allobrogibus sese vel persuasu-
ros, quod nondum bono animo in populum Romanum vi-
derentur, existimabant vel vi coacturos, ut per suos fines
eos ire paterentur.   (4) Omnibus rebus ad profectionem
comparatis diem dicunt, qua die ad ripam Rhodani omnes
conveniant. Is dies erat a. d. V. Kal. Apr. L. Pisone A. Gabi-
nio consulibus.

---

singuli einzeln hintereinander, nur einer nach dem anderen | **impen-
dēre** unmittelbar daneben aufragen | **perpauci** sehr wenige (vgl. *perfa-
cilis*)   ◆ **(2) expeditus** frei von Hindernissen, bequem | **nuper pacati**
(121 v. Chr. waren die Allobrogen unterworfen worden, 61 v. Chr. war
ein Aufstand gescheitert.) | **transitur** ~ *transiri potest*   ◆ **(3) Genava**
(das heutige) Genf | **nondum bono animo in populum Romanum**
(vgl. 6,2) | ordne: **existimabant sese Allobrogibus vel persuasuros**
⟨*esse*⟩, **quod … viderentur, vel** ⟨*eos*⟩ **vi coacturos** ⟨*esse*⟩, **ut … | eos** eigtl.
se (~ *Helvetios*)   ◆ **(4) profectio, -onis** (f.) Aufbruch, Abmarsch |
diem dicere einen Termin festsetzen | **a. d. V. Kal. Apr.** *ante diem quin-
tum Kalendas Apriles* | **a. d. V. Kal. Apr. L. Pisone A. Gabinio consuli-
bus** der fünfte Tag vor den Kalenden des April im Konsulatsjahr des
Lucius Piso und des Aulus Gabinius (= 28. März 58 v. Chr.)

2.2 Caesars Erscheinen in Gallien – sein entschlossenes Handeln (I 7–10)

7 (1) Caesari cum id nuntiatum esset eos per provinciam nostram iter facere conari, maturat ab urbe proficisci et quam maximis potest itineribus in Galliam ulteriorem contendit et ad Genavam pervenit. (2) Provinciae toti quam maximum potest militum numerum imperat – erat omnino in Gallia ulteriore legio una –; pontem, qui erat ad Genavam, iubet rescindi. (3) Ubi de eius adventu Helvetii certiores facti sunt, legatos ad eum mittunt nobilissimos civitatis – cuius legationis Nammeius et Verucloetius principem locum obtinebant –, qui dicerent sibi esse in animo sine ullo maleficio iter per provinciam facere, propterea quod aliud iter haberent nullum; rogare, ut eius voluntate id sibi facere liceat. (4) Caesar, quod memoria tenebat L. Cassium consulem occisum exercitumque eius ab Helvetiis pulsum et sub iugum missum, concedendum non putabat; (5) neque homines inimico animo, data facultate per provinciam itineris faciundi, temperaturos ab iniuria et

---

◆ **(7,1) maturare** (mit Inf.) sich beeilen | **quam maximis potest itineribus** in möglichst großen Tagesmärschen | **Gallia ulterior** ~ *Gallia transalpina* ◆ **(2) quam maximum potest militum numerum** →7,1 *quam … itineribus* | **imperare** *alqd* →V | **rescindere** abbrechen, zerstören ◆ **(3) certiorem facere** →V | **cuius … obtinebant** im Dt. mit rel. Satzanschl. und als Parenthese wiederzugeben | **Nammeius, Verucloëtius** (kelt. Eigennamen) | **qui dicerent** Konj. wegen fin. Sinnrichtung | **maleficium** Feindseligkeit | ⟨se⟩ **rogare … liceat** or. obl. | **voluntas, -atis** (f.) hier: Einwilligung ◆ **(4) occisum** ⟨*esse*⟩ **… pulsum** ⟨*esse*⟩ **… missum** ⟨*esse*⟩ | **ab Helvetiis** (von den Tigurinern, einem Teilstamm der Helv.) | **sub iugum mittere** (bedeutete eine sehr entehrende und demütigende Behandlung) | **concedendum** ⟨*esse*⟩ ◆ **(5) data facultate** kond. Sinnrichtung | **temperare** *ab alqa re* etw. unterlassen

maleficio existimabat.   (6) Tamen, ut spatium intercedere posset, dum milites, quos imperaverat, convenirent, legatis respondit diem se ad deliberandum sumpturum; si quid vellent, ad Id. Apr. reverterentur.

8 (1) Interea ea legione, quam secum habebat, militibusque, qui ex provincia convenerant, a lacu Lemanno, qui in flumen Rhodanum influit, ad montem Iuram, qui fines Sequanorum ab Helvetiis dividit, milia passuum decem novem murum in altitudinem pedum sedecim fossamque perducit.   (2) Eo opere perfecto praesidia disponit, castella communit, quo facilius, si se invito transire conarentur, prohibere possit.   (3) Ubi ea dies, quam constituerat cum legatis, venit et legati ad eum reverterunt, negat se more et exemplo populi Romani posse iter ulli per provinciam dare et, si vim facere conentur, prohibiturum ostendit.   (4) Helvetii ea spe deiecti navibus iunctis ratibusque compluribus factis, alii vadis Rhodani, qua minima altitudo fluminis erat, nonnumquam interdiu, saepius noctu, si perrumpere possent conati, operis

◆ **(6) intercedere** dazwischen vergehen | **dies** hier: eine bestimmte Frist | **sumpturum** ⟨*esse*⟩ | **si … reverterentur** or. obl. | **reverterentur** Aufforderung: ›sie sollten …‹ | **ad Id**⟨*us*⟩ **Apr**⟨*iles*⟩ am 13. April

◆ **(8,1) influere** hier: übergehen in | **milia passuum** → V | **decem novem** ~ *undeviginti* | **perducere** hier: errichten   ◆ **(2) castella, -orum** (aus der Verteidigungslinie vorspringende) Bastionen | **communire** errichten, anlegen | **quo** → V | ⟨*eos*⟩ **prohibere**   ◆ **(3) exemplum** hier: (übliche) Handlungsweise | **iter** hier: freier Durchgang, Erlaubnis zum Durchmarsch | ⟨*se eos*⟩ **prohibiturum** ⟨*esse*⟩   ◆ **(4) spe deicere** *alqm* jdn. der Hoffnung berauben | **navibus iunctis ratibusque compluribus factis** (keine Abl. abs., sondern Abl. instr., die mit *vadis* korrespondieren: die einen Helvetier versuchen den Übergang mit Wasserfahrzeugen, die anderen an seichten Stellen zu Fuß.) | **quā** wo | **perrumpere** (gewaltsam) durchbrechen | **operis munitio** die Befestigungsanlage (bestehend aus *murus, fossa, castella*)

munitione et militum concursu et telis repulsi hoc conatu
destiterunt.

9 (1) Relinquebatur una per Sequanos via, qua Sequanis
invitis propter angustias ire non poterant. (2) His cum
sua sponte persuadere non possent, legatos ad Dumnorigem Haeduum mittunt, ut eo deprecatore a Sequanis im-
petrarent. (3) Dumnorix gratia et largitione apud Sequanos plurimum poterat et Helvetiis erat amicus, quod ex ea
civitate Orgetorigis filiam in matrimonium duxerat, et cupiditate regni adductus novis rebus studebat et quam pluri-
mas civitates suo beneficio habere obstrictas volebat.
(4) Itaque rem suscipit et a Sequanis impetrat, ut per fines
suos Helvetios ire patiantur, obsidesque uti inter sese dent,
perficit: Sequani, ne itinere Helvetios prohibeant, Helvetii,
ut sine maleficio et iniuria transeant.

10 (1) Caesari nuntiatur Helvetiis esse in animo per
agrum Sequanorum et Haeduorum iter in Santonum fines
facere, qui non longe a Tolosatium finibus absunt, quae civitas est in provincia. (2) Id si fieret, intellegebat magno
cum periculo provinciae futurum, ut homines bellicosos,

---

conatus, -ūs (m.) Versuch, Vorhaben, Absicht | Übersetzungshilfe: die
auf *Helvetii* bezogenen Partizipien als finite Verben beiordnen und ei-
genständige Sätze daraus bilden: *Helvetii … deiecti ⟨sunt⟩; navibus …
conati ⟨sunt⟩; operis … repulsi ⟨sunt⟩*
◆ **(9,1) una** als einziger, nur der eine | **angustiae, -arum** →V
◆ **(2) sua sponte** hier: von sich aus, ohne fremde Hilfe | **persuadere**
⟨ut iter darent⟩ | **deprecator, -oris** (m.) Fürsprecher, Vermittler | ⟨iter⟩
impetrarent ◆ **(3) largitio, -onis** (f.) Subst. zu *largus* | **plurimum
posse** →V | **in matrimonium ducere** heiraten (wörtl.: der Mutter-
schaft zuführen) | **obstrictum habere** *alqm* sich jdn. verpflichtet haben
◆ **(4) uti ~ ut** | **maleficium** Feindseligkeit
◆ **(10,1) non longe** (in Wirklichkeit etwa 200 km) | **Tolosates** Be-
wohner von Tolosa (heute Toulouse) ◆ **(2) esse cum** *alqa re* mit etw.
verbunden sein | **intellegebat … futurum** ⟨esse⟩, **ut** erkannte er, dass es
… dahin kommen würde, dass | **bellicosus** kriegerisch

populi Romani inimicos, locis patentibus maximeque frumentariis finitimos haberet.   (3) Ob eas causas ei munitioni, quam fecerat, T. Labienum legatum praefecit; ipse in Italiam magnis itineribus contendit duasque ibi legiones conscribit et tres, quae circum Aquileiam hiemabant, ex hibernis educit et, qua proximum iter in ulteriorem Galliam per Alpes erat, cum his quinque legionibus ire contendit.   (4) Ibi Ceutrones et Graioceli et Caturiges locis superioribus occupatis itinere exercitum prohibere conantur. (5) Compluribus his proeliis pulsis ab Ocelo, quod est citerioris provinciae extremum, in fines Vocontiorum ulterioris provinciae die septimo pervenit; inde in Allobrogum fines, ab Allobrogibus in Segusiavos exercitum ducit. Hi sunt extra provinciam trans Rhodanum primi.

2.3 Hilferuf der Haeduer an Caesar (I 11–12)

11 (1) Helvetii iam per angustias et fines Sequanorum suas copias traduxerant et in Haeduorum fines pervenerant eorumque agros populabantur.   (2) Haedui cum se suaque ab iis defendere non possent, legatos ad Caesarem mittunt rogatum auxilium: (3) Ita se omni tempore de

---

frumentarius getreidereich | **finitimum habere** *alqm* jdn. zum Nachbarn haben   ◆ **(3) legatus** →V | **praeficere** *alqm alcui rei* jdn. an die Spitze von etw. stellen | **in Italiam** ~ *in Galliam citeriorem* | **magnum iter** Eilmarsch | **Aquileia** (Stadt an der Nordküste der Adria) | **ulterior Gallia** ~ *Gallia transalpina* | **Alpes, -ium** (f.) die Alpen   ◆ **(4) Cëútrones, Graióceli, Caturiges** (Alpenvölker)   ◆ **(5) Ocelum** (Stadt der Graioceler, heute Oulx in den Alpen westl. von Turin) | **citerior provincia** ~ *Gallia citerior*

◆ **(11,1) angustiae, -arum** →V | **populari** verwüsten, (aus)plündern   ◆ **(2) rogatum** um … zu erbitten (Supin zur Bezeichnung des Zwecks)   ◆ **(3) ita … debuerint** or. obl.

populo Romano meritos esse, ut paene in conspectu exercitus nostri agri vastari, liberi eorum in servitutem abduci, oppida expugnari non debuerint. (4) Eodem tempore Ambarri, necessarii et consanguinei Haeduorum, Caesarem certiorem faciunt sese depopulatis agris non facile ab oppidis vim hostium prohibere. (5) Item Allobroges, qui trans Rhodanum vicos possessionesque habebant, fuga se ad Caesarem recipiunt et demonstrant sibi praeter agri solum nihil esse reliqui. (6) Quibus rebus adductus Caesar non exspectandum sibi statuit, dum omnibus fortunis sociorum consumptis in Santonos Helvetii pervenirent.

12 (1) Flumen est Arar, quod per fines Haeduorum et Sequanorum in Rhodanum influit, incredibili lenitate, ita ut oculis, in utram partem fluat, iudicari non possit. Id Helvetii ratibus ac lintribus iunctis transibant. (2) Ubi per exploratores Caesar certior factus est tres iam partes copiarum Helvetios id flumen traduxisse, quartam vero partem citra flumen Ararim reliquam esse, de tertia vigilia cum legionibus tribus e castris profectus ad eam partem pervenit, quae nondum flumen transierat. (3) Eos impe-

---

mereri *de alqa re* sich verdient machen um etw. | **expugnare** erobern ◆ **(4) necessarius** hier: eng verbunden | **consanguineus** blutsverwandt | **certiorem facere** →V | **depopulari** ~ *populari* verwüsten (PPP mit pass. Bed.) ◆ **(5) reliqui** Gen. part. zu *nihil* ◆ **(6) exspectandum** ⟨*esse*⟩ | **fortunae, -arum** hier: Hab und Gut (wörtl.: das, was einem das Schicksal gibt)

◆ **(12,1) Arar** (der) Arar (heute Saône) | **quod** auf *flumen* zu bez. | **influere** hineinfließen | **lenitas, -atis** (f.) Langsamkeit | **incredibili lenitate** Abl. modi (zu *influit*) oder Abl. qual. (zu *flumen est Arar*) | **linter, -tris** (f.) Kahn ◆ **(2) exploratores** →V | **certiorem facere** →V | **tres partes** drei Viertel | **id flumen traduxisse** (Die genaue Übergangsstelle ist nicht bekannt.) | **de tertiā vigiliā** während der dritten Nachtwache (*vigilia* →V) ◆ **(3) impeditus** behindert, nicht kampfbereit

ditos et inopinantes aggressus magnam partem eorum
concidit; reliqui sese fugae mandarunt atque in proximas
silvas abdiderunt.   (4) Is pagus appellabatur Tigurinus;
nam omnis civitas Helvetia in quattuor partes vel pagos est
divisa.   (5) Hic pagus unus, cum domo exisset, patrum
nostrorum memoria L. Cassium consulem interfecerat et
eius exercitum sub iugum miserat.   (6) Ita sive casu sive
consilio deorum immortalium, quae pars civitatis Helve-
tiae insignem calamitatem populo Romano intulerat, ea
princeps poenas persolvit.   (7) Qua in re Caesar non solum publicas, sed etiam privatas iniurias ultus est, quod
eius soceri L. Pisonis avum, L. Pisonem legatum, Tigurini
eodem proelio, quo Cassium, interfecerant.

2.4 Friedensangebot der Helvetier (I 13–15)

13 (1) Hoc proelio facto reliquas copias Helvetiorum ut
consequi posset, pontem in Arari faciendum curat atque ita
exercitum traducit.   (2) Helvetii repentino eius adventu
commoti, cum id, quod ipsi diebus XX aegerrime confece-
rant, ut flumen transirent, illum uno die fecisse intellege-

---

inopinans, -antis nichts ahnend, ahnungslos | **concidere** (von *caedere*)
niederhauen, töten | **mandarunt** ~ *mandaverunt* | **abdere** verbergen
◆ **(4) pagus** →V | **Tigurinus** tigurinisch (→7,4)   ◆ **(5) sub iugum
mittere** (bedeutete eine sehr entehrende und demütigende Behand-
lung)   ◆ **(7) ulcisci, ulciscor, ultus sum** *alqd* Rache nehmen für etw. |
eius ~ *Caesaris* | **socer, -ceri** Schwiegervater (Caesar hatte dessen Toch-
ter Calpurnia geheiratet.) | ordne: **quod Tigurini eius soceri L. Pisonis
avum, L. Pisonem legatum, eodem proelio ⟨*interfecerant*⟩, quo Cassi-
um interfecerant** | **legatus** →V
   ◆ **(13,1) ut** die Subjunktion ist weit in den Satz hineingezogen | **cu-
rare** (mit prädik. Gerundiv): lassen   ◆ **(2) XX** *viginti* | **aegerrime**
(nur) mit größter Mühe | **ut** explic. →V

rent, legatos ad eum mittunt. Cuius legationis Divico princeps fuit, qui bello Cassiano dux Helvetiorum fuerat. (3) Is ita cum Caesare egit: Si pacem populus Romanus cum Helvetiis faceret, in eam partem ituros atque ibi futuros Helvetios, ubi eos Caesar constituisset atque esse voluisset; (4) sin bello persequi perseveraret, reminisceretur et veteris incommodi populi Romani et pristinae virtutis Helvetiorum. (5) Quod improviso unum pagum adortus esset, cum ii, qui flumen transissent, suis auxilium ferre non possent, ne ob eam rem aut suae magnopere virtuti tribueret aut ipsos despiceret. (6) Se ita a patribus maioribusque suis didicisse, ut magis virtute quam dolo contenderent aut insidiis niterentur. (7) Quare ne committeret, ut is locus, ubi constitissent, ex calamitate populi Romani et internecione exercitus nomen caperet aut memoriam proderet.

14 (1) His Caesar ita respondit: Eo sibi minus dubitatio-

Divico, -onis (kelt. Eigenname) | **bellum Cassianum** Krieg gegen Cassius (→7,4; 12,5; 12,7) | **Helvetiorum** ~ *Tigurinorum* ◆ **(3–7) si … proderet** or. obl. | **constituere** hier: ansiedeln | **constituisset, voluisset** im Dt. Präs. ◆ **(4) perseverare** (mit Inf.) fortfahren (etw. zu tun) | **reminisci** *alcuius rei* sich erinnern an etw., *reminisceretur* Aufforderung: ›solle er …‹ | **incommodum** →V | **pristinus** →V ◆ **(5) quod** wenn (nun/aber) (fakt. *quod* am Anfang der Satzperiode) | **improviso** unvermutet, überraschend | **pagus** →V | **adoriri** angreifen (Die Niederlage wird von den Helvetiern verschwiegen.) | **ne … tribueret … despiceret** Aufforderung: ›solle er nicht …‹ | **magnopere** hier: sonderlich, besonders | **tribuere** *alcui rei* hier: Wert legen auf etw. ◆ **(7) quare** deshalb | **ne committeret** Aufforderung: ›solle er nicht …‹ (*committere, ut* es dahin kommen lassen, dass) | **internecio, -onis** (f.) Niedermetzelung, Vernichtung | **nomen capere** seinen Namen erhalten | **memoriam prodere** (›die Erinnerung weitergeben‹) in Erinnerung bleiben

◆ **(14,1) his** ~ *legatis* ◆ **(1–6) eo … facturum** or. obl. | **eo** sowohl zu *minus* (umso weniger) als auch zu *quod* (deswegen … weil) | **dubitatio, -onis** (f.) Zweifel | **dubitationis** Gen. part. abh. von *minus*

nis dari, quod eas res, quas legati Helvetii commemorassent, memoria teneret, atque eo gravius ferre, quo minus
merito populi Romani accidissent.   (2) Qui si alicuius iniuriae sibi conscius fuisset, non fuisse difficile cavere; sed
eo deceptum, quod neque commissum a se intellegeret,
quare timeret, neque sine causa timendum putaret.
(3) Quod si veteris contumeliae oblivisci vellet, num etiam
recentium iniuriarum, quod eo invito iter per provinciam
per vim temptassent, quod Haeduos, quod Ambarros,
quod Allobroges vexassent, memoriam deponere posse?   (4) Quod sua victoria tam insolenter gloriarentur
quodque tam diu se impune iniurias tulisse admirarentur,
eodem pertinere.   (5) Consuesse enim deos immortales,
quo gravius homines ex commutatione rerum doleant,
quos pro scelere eorum ulcisci velint, his secundiores interdum res et diuturniorem impunitatem concedere.

---

commemorassent ~ *commemoravissent* | **eo ... quo** umso ... je | **graviter ferre** *alqd* schwer tragen an etw. | ⟨se⟩ **gravius ferre** | **merito** hier:
durch Verschulden   ◆ **(2) qui** ~ *populus Romanus* | **si alicuius** ~ *si
cuius* (das vollständige Indef.-Pron. zur Hervorhebung): wenn auch nur
des geringsten Unrechts | **si ... conscius fuisset, ... fuisse difficile** Irr.
der Verg. (*sibi conscius alcuius rei* sich einer Sache bewusst) | **sed eo deceptum** ⟨*esse populum Romanum*⟩ | **eo ..., quod** dadurch ..., dass | ordne: **quod neque intellegeret a se** ⟨*quicquam*⟩ **commissum** ⟨*esse*⟩, **quare
timeret, neque putaret** ⟨*quicquam*⟩ **sine causa timendum** ⟨*esse*⟩
◆ **(3) quod si** wenn also, wenn nun | **contumelia** Schmach, Schande |
iniuriarum Gen. obi. abh. von *memoriam* | **quod** (fakt.) dass | **temptassent, vexassent** ~ *temptavissent, vexavissent* | **memoriam** ⟨*se*⟩ **deponere
posse**   ◆ **(4) quod** (fakt.) wenn | **insolens** maßlos, übermütig | **se** ~
Helvetios | **impune iniurias ferre** mit dem Unrecht ungestraft durchkommen | **iniuriae** →7,4; 12,5; 12,7 zum Inhalt des Begriffs | **eodem
pertinere** sich ebenfalls darauf beziehen   ◆ **(5) consuesse** ~ *consuevisse* | **quō** →V | **commutatio** →V | **scelus, -eris** (n.) hier: Frevelmut |
ulcisci strafen | **diuturnus** lange dauernd, lang | **impunitas, -atis** (f.)
Straflosigkeit

(6) Cum ea ita sint, tamen, si obsides ab iis sibi dentur, uti ea, quae polliceantur, facturos intellegat, et si Haeduis de iniuriis, quas ipsis sociisque eorum intulerint, item si Allobrogibus satisfaciant, sese cum iis pacem esse facturum.   (7) Divico respondit: Ita Helvetios a maioribus suis institutos esse, uti obsides accipere, non dare consuerint; eius rei populum Romanum esse testem. Hoc responso dato discessit.

15 (1) Postero die castra ex eo loco movent. Idem facit Caesar equitatumque omnem, ad numerum quattuor milium, quem ex omni provincia et Haeduis atque eorum sociis coactum habebat, praemittit, qui videant, quas in partes hostes iter faciant.   (2) Qui cupidius novissimum agmen insecuti alieno loco cum equitatu Helvetiorum proelium committunt, et pauci de nostris cadunt.   (3) Quo proelio sublati Helvetii, quod quingentis equitibus tantam multitudinem equitum propulerant, audacius subsistere nonnumquam et novissimo agmine proelio nostros lacessere coeperunt.   (4) Caesar suos a proelio continebat ac satis ha-

---

◆ **(6) uti** ~ *ut* | ⟨*eos*⟩ **facturos** ⟨*esse*⟩ | **satisfacere** *alcui* jdm. Genugtuung geben, sich entschuldigen bei jdm.   ◆ **(7) ita … testem** or. obl. | **instituere** hier: ~ *educare* | **uti** ~ *ut* | **consuerint** ~ *consueverint* | **responsum** Antwort

◆ **(15,1) castra movere** das Lager abbrechen, weitermarschieren, -ziehen | **ad numerum** an Zahl | **coactum habere** zusammengezogen haben | **qui videant** Konj. wegen fin. Sinnrichtung | **videant** gramm. korr. *videat*   ◆ **(2) cupidius** zu *insecuti* | **novissimum agmen** →V | **alieno loco** auf ungünstigem Gelände | **proelium committere** →V   ◆ **(3) sublatus** (von *tollere*) erhoben ~ mutig gemacht | **quingenti** 500 | **propellere** in die Flucht treiben | **subsistere** stehen bleiben, Widerstand leisten | **nonnumquam** manchmal | **novissimum agmen** →V | **proelio lacessere** zum Kampf herausfordern   ◆ **(4) continere** *alqm ab alqa re* jdn. von etw. zurückhalten, abhalten | **satis habere** sich begnügen

bebat in praesentia hostem rapinis pabulationibusque prohibere. (5) Ita dies circiter quindecim iter fecerunt, uti inter novissimum hostium agmen et nostrum primum non amplius quinis aut senis milibus passuum interesset.

2.5 *Römerfeindliche Aktivitäten bei den Haeduern (I 16–20)*

16 (1) Interim cotidie Caesar Haeduos frumentum, quod essent publice polliciti, flagitare. (2) Nam propter frigora – quod Gallia sub septentrionibus, ut ante dictum est, posita est – non modo frumenta in agris matura non erant, sed ne pabuli quidem satis magna copia suppetebat. (3) Eo autem frumento, quod flumine Arari navibus subvexerat, propterea minus uti poterat, quod iter ab Arari Helvetii averterant, a quibus discedere nolebat. (4) Diem ex die ducere Haedui: conferri, comportari, adesse dicere. (5) Ubi se diutius duci intellexit et diem instare, quo die frumentum militibus metiri oporteret, convocatis eorum principibus, quorum magnam copiam in castris habebat, in his Diviciaco et Lisco, qui summo magistratui

---

in praesentia für jetzt, für den Augenblick | **pabulatio** → V   ◆ **(5) uti** ~ *ut* | **novissimum agmen** → V | **quinis, senis** (je) fünf, (je) sechs (Abl. comp. abh. von *amplius*)

◆ **(16,1) publice** hier: im Namen des Staates | **flagitare** *alqm alqd* von jdm. etw. (dringend) fordern; hier: hist. Inf.   ◆ **(2) sub septentrionibus positum esse** im Norden liegen (*septentriones* → V) | **frumenta, -orum** (das Getreide auf dem Feld wird mit dem Pl. bezeichnet) | **matura non erant** (vermutl. Anfang Juni) | **pabulum** Futter | **suppetere** → V   ◆ **(3) subvehere** heranschaffen   ◆ **(4) diem ex die ducere** einen Tag um den anderen hinauszögern (erg.: die Getreidelieferung) | **ducere** hist. Inf.   ◆ **(5) ducere** *alqm* hier: jdn. hinhalten | **metiri** zumessen, zuteilen | **Diviciaco et Lisco** Appos. zu *principibus* | **Liscus** (kelt. Eigenname)

praeerat, quem vergobretum appellant Haedui, qui creatur annuus et vitae necisque in suos habet potestatem,
(6) graviter eos accusat, quod, cum neque emi neque ex
agris sumi posset, tam necessario tempore, tam propinquis
hostibus ab iis non sublevetur, praesertim cum magna ex
parte eorum precibus adductus bellum susceperit. Multo
etiam gravius, quod sit destitutus, queritur.

17 (1) Tum demum Liscus oratione Caesaris adductus,
quod antea tacuerat, proponit: Esse nonnullos, quorum
auctoritas apud plebem plurimum valeat, qui privatim plus
possint quam ipsi magistratus.   (2) Hos seditiosa atque
improba oratione multitudinem deterrere, ne frumentum
conferant, quod debeant: (3) praestare, si iam principatum Galliae obtinere non possent, Gallorum quam Romanorum imperia perferre;   (4) neque dubitare debeant,
quin, si Helvetios superaverint, Romani una cum reliqua
Gallia Haeduis libertatem sint erepturi.   (5) Ab isdem nostra consilia quaeque in castris gerantur, hostibus enuntia-
ri; hos a se coerceri non posse.   (6) Quin etiam, quod ne-
cessariam rem coactus Caesari enuntiarit, intellegere sese,

---

vergóbretus Vergobret, ›Rechtswirker‹ (oberster Beamter der Haedu-
er) | **annuus** jährlich | **nex** →V ◆ **(6) posset** erg. als Subj. *frumen-
tum* | **necessarium tempus** Notlage | **sublevare** →V | **praesertim** be-
sonders | **magna ex parte** zu einem großen Teil, vor allem | **etiam** hier:
noch | **destituere** im Stich lassen

◆ **(17,1–6) esse … tacuisse** or. obl. | **plus posse** →V ◆ **(2) sediti-
osus** aufrührerisch | **deterrere, ne** abschrecken, abhalten, dass ◆ **(3)**
praestare Inf. zu *praestat* | **principatum obtinere** →V ◆ **(4) debeant**
Aufforderung: ›sie sollten …‹ ◆ **(5) nostra** (Liscus spricht gewisser-
maßen als Römer.) | **quaeque** ~ *et ⟨ea,⟩ quae* | **enuntiare** verra-
ten ◆ **(6) quin etiam** ja mehr noch | **quod** (fakt.) dass | **quin etiam,**
quod …, sese intellegere ja mehr noch, an der Tatsache, dass …, er-
kenne er | **necessaria res** dramatische Lage | **coactus** Gegensatz *sua*
sponte | **enuntiarit** ~ *enuntiaverit*

quanto id cum periculo fecerit, et ob eam causam, quamdiu potuerit, tacuisse.

18 (1) Caesar hac oratione Lisci Dumnorigem, Diviciaci fratrem, designari sentiebat, sed quod pluribus praesentibus eas res iactari nolebat, celeriter concilium dimittit, Liscum retinet. (2) Quaerit ex solo ea, quae in conventu dixerat. Dicit liberius atque audacius. Eadem secreto ab aliis quaerit; reperit esse vera: (3) ipsum esse Dumnorigem, summa audacia, magna apud plebem propter liberalitatem gratia, cupidum rerum novarum. Compluris annos portoria reliquaque omnia Haeduorum vectigalia parvo pretio redempta habere, propterea quod illo licente contra liceri audeat nemo. (4) His rebus et suam rem familiarem auxisse et facultates ad largiendum magnas comparasse; (5) magnum numerum equitatus suo sumptu semper alere et circum se habere; (6) neque solum domi, sed etiam apud finitimas civitates largiter posse; atque huius potentiae causa matrem in Biturigibus homini illic nobilissimo ac potentissimo collocasse, (7) ipsum ex Helvetiis uxorem habere, sororem ex matre et propinquas suas nuptum

---

ordne: **cum quanto periculo id fecerit** | **quamdiu** solange

◆ **(18,1) designari** hier: gemeint sein | **iactare** hier: besprechen   ◆ **(2) ex ⟨eo⟩ solo** | **secreto ab aliis** abseits von den anderen, unter vier Augen   ◆ **(3–9) ipsum … desperare** or. obl. | **magnā** zu *gratiā* | **cupidum rerum novarum** →9,3 | **compluris** ~ *complures* | **portorium** Zoll | **vectígal, -alis** (n.) Steuer, Abgabe | **redemptum habere** *alqd* etw. gepachtet haben | **liceri** (als Käufer) ein Preisangebot machen, (auf etw.) bieten   ◆ **(4) largiri** freigebig (Geschenke/Geld) austeilen, bestechen | **comparasse** ~ *comparavisse*   ◆ **(6) largiter posse** *apud alqm* viel vermögen, gelten bei jdm. | **collocare** zur Frau geben, verheiraten (*collocasse* ~ *collocavisse*)   ◆ **(7) ex matre** von mütterlicher Seite (also seine Halbschwester) | **nuptum collocare** ~ *collocare* (*nuptum* Supin; beim Übers. ins Dt. weglassen)

in alias civitates collocasse.   (8) Favere et cupere Helvetiis
propter eam affinitatem, odisse etiam suo nomine Caesarem et Romanos, quod eorum adventu potentia eius de-
minuta et Diviciacus frater in antiquum locum gratiae atque honoris sit restitutus.   (9) Si quid accidat Romanis,
summam in spem per Helvetios regni obtinendi venire;
imperio populi Romani non modo de regno, sed etiam de
ea, quam habeat, gratia desperare.   (10) Reperiebat etiam
in quaerendo Caesar, quod proelium equestre adversum
paucis ante diebus esset factum, initium eius fugae factum
ab Dumnorige atque eius equitibus – nam equitatui, quem
auxilio Caesari Haedui miserant, Dumnorix praeerat –; eorum fuga reliquum esse equitatum perterritum.

19 (1) Quibus rebus cognitis, cum ad has suspiciones
certissimae res accederent, quod per fines Sequanorum
Helvetios traduxisset, quod obsides inter eos dandos curas-
set, quod ea omnia non modo iniussu suo et civitatis, sed
etiam inscientibus ipsis fecisset, quod a magistratu Haedu-

◆ **(8) favere** *alcui* jdn. unterstützen, sympathisieren mit jdm. | **cupere**
alcui jdm. zugetan sein | **affinitas, -atis** (f.) Verwandtschaft | **suo nomi-
ne** für sich persönlich, aus persönlichen Gründen | **deminuere** min-
dern, schmälern | **locus** hier: Stand | **restituere** hier: wieder einset-
zen   ◆ **(9) si** ⟨*ali*⟩**quid accidat Romanis** (Euphemismus; gemeint ist:
wenn die Römer gegen die Helvetier eine Niederlage erleiden sollten) |
summam in spem ⟨*Dumnorigem*⟩ **venire** mache sich Dumnorix größte
Hoffnungen | **imperium** hier: Machtanspruch, Machtausübung
◆ **(10) quod** (fakt.) wenn; was die Tatsache betreffe, dass | (*initium eius*
fugae) **factum** hier: ›inszeniert‹ | Konstr.: *quod*-Satz ist an die Spitze zu
ziehen; von *reperiebat* AcI abh. (*initium … factum* ⟨*esse*⟩)
◆ **(19,1) suspiciones, -um** (f.) hier: Verdachtsgründe, verdächtige
Umstände | **quod** (nämlich) dass | **curasset** ~ *curavisset* | **obsides inter**
eos dandos curare gegenseitig Geiseln austauschen lassen | **iniussu suo**
~ *iniussu Caesaris* | **inscientibus ipsis** ohne ihr (d. h. Caesars und der
civitas) Wissen | **a magistratu Haeduorum** ~ *a Lisco vergobreto*

orum accusaretur, satis esse causae arbitrabatur, quare in
eum aut ipse animadverteret aut civitatem animadvertere
iuberet.   (2) His omnibus rebus unum repugnabat, quod
Diviciaci fratris summum in populum Romanum studium,
summam in se voluntatem, egregiam fidem, iustitiam,
temperantiam cognoverat; nam, ne eius supplicio Diviciaci
animum offenderet, verebatur.   (3) Itaque, priusquam
quicquam conaretur, Diviciacum ad se vocari iubet et cotidianis interpretibus remotis per C. Valerium Troucillum,
principem Galliae provinciae, familiarem suum, cui
summam omnium rerum fidem habebat, cum eo colloqui-
tur;   (4) simul commonefacit, quae ipso praesente in concilio Gallorum de Dumnorige sint dicta, et ostendit, quae
separatim quisque de eo apud se dixerit.   (5) Petit atque
hortatur, ut sine eius offensione animi vel ipse de eo causa
cognita statuat vel civitatem statuere iubeat.

20 (1) Diviciacus multis cum lacrimis Caesarem comple-
xus obsecrare coepit, ne quid gravius in fratrem sta-
tueret: (2) scire se illa esse vera, nec quemquam ex eo

◆ **(2) unum** als einziges, nur | **repugnare** *alcui rei* gegen etw. stehen,
sprechen | **quod** (fakt.) dass | **studium** hier: Zuneigung, Ergebenheit |
voluntas, -atis (f.) hier: Zuneigung | **temperantia** (Gegensatz ist die *au-
dacia* des Dumnorix.) | **summum, summam, egregiam** attributiv |
Diviciaci animum ~ *Diviciacum* | **offendere** hier: verletzen, kränken
◆ **(3) cotidianis interpretibus remotis** nach Entfernen der gewöhnli-
chen Dolmetscher   ◆ **(4) commonefacere** nachdrücklich erinnern
an | **ipso praesente** ~ *Diviciaco praesente* | **separatim** für sich, einzeln
◆ **(5) offensio, -onis** (f.) Subst. zu *offendere* (→ 19,2) | **causam cognos-
cere** einen/den Fall untersuchen | **statuere** hier: entscheiden, das Urteil
fällen
◆ **(20,1) complecti, -plector, -plexus sum** umarmen, umfassen
(Caesars Knie) | **obsecrare** inständig bitten, anflehen | **statuere** hier:
(richterlich) beschließen   ◆ **(2–4) scire … averterentur** or. obl. | **ex
eo** ~ *ex fratre*

plus quam se doloris capere, propterea quod, cum ipse gratia plurimum domi atque in reliqua Gallia, ille minimum propter adulescentiam posset, per se crevisset, quibus opibus ac nervis non solum ad minuendam gratiam, sed paene ad perniciem suam uteretur.   (3) Sese tamen et amore fraterno et existimatione vulgi commoveri.   (4) Quod si quid ei a Caesare gravius accidisset, cum ipse eum locum amicitiae apud eum teneret, neminem existimaturum non sua voluntate factum. Qua ex re futurum, uti totius Galliae animi a se averterentur.   (5) Haec cum pluribus verbis flens a Caesare peteret, Caesar eius dextram prendit; consolatus rogat, finem orandi faciat; tanti eius apud se gratiam esse ostendit, uti et rei publicae iniuriam et suum dolorem eius voluntati ac precibus condonet.   (6) Dumnorigem ad se vocat, fratrem adhibet; quae in eo reprehendat, ostendit; quae ipse intellegat, quae civitas queratur, proponit; monet, ut in reliquum tempus omnes suspiciones vitet; praeterita se Diviciaco fratri condonare dicit. Dumnorigi custodes ponit, ut, quae agat, quibuscum loquatur, scire possit.

---

plus doloris capere *ex alqo/alqa re* mehr Schmerz empfinden über jdn./etw. | **gratiā** sowohl Abl. lim. als auch Abl. caus. | **plurimum/minimum posse** →V | **crescere** hier: mächtiger, einflussreicher werden | **nervi, -orum** hier: Kraft, Macht   ◆ (3) **fraternus** Adj. zu *frater* | **existimatio, -onis** (f.) Urteil, Meinung | **vulgi** Gen. subi.   ◆ **(4) accidisset** im Dt. Präs. | **eum locum amicitiae tenere** so hoch in der Freundschaft stehen (wörtl.: einen solchen Platz in der Freundschaft einnehmen) | **existimaturum** ⟨esse⟩ | **voluntas, -atis** (f.) hier: Einwilligung | **factum** ⟨esse⟩ | **futurum** ⟨esse⟩ | **uti** ~ *ut*   ◆ **(5) prendere** ~ *prehendere* | **consolari** trösten | **rogat,** ⟨ut⟩ **... faciat** | **tanti esse** (Gen. pret.) so viel wert sein, gelten | **uti** ~ *ut* | **rei publicae** Gen. obi. abh. von *iniuriam* | **voluntati ac precibus** dem Wunsch und den Bitten zuliebe | **condonare** (wörtl.: schenken) hier: ungestraft hingehen lassen, vergeben   ◆ **(6) intellegat** ~ *sciat* | **suspiciones** Verdachtsgründe, verdächtige Umstände (→19,1)

Militärische Entscheidung – die Schlacht bei Bibracte: We-
nige Tage nach der Abmahnung des Dumnorix kommt es bei
Bibracte, der größten Stadt der Haeduer, zur Schlacht zwi-
schen Römern und Helvetiern. Diese unterliegen, ziehen
aber weiter. Caesar nimmt nach drei Tagen – die Gefallenen
mussten zuerst bestattet und die Verwundeten versorgt wer-
den – die Verfolgung auf.

2.6 Die Kapitulation der Helvetier (I 27–29)

27 (1) Helvetii omnium rerum inopia adducti legatos
de deditione ad eum miserunt. (2) Qui cum eum in itinere convenissent seque ad pedes proiecissent suppliciter-
que locuti flentes pacem petissent atque eos in eo loco,
quo tum essent, suum adventum exspectare iussisset,
paruerunt. (3) Eo postquam Caesar pervenit, obsides,
arma, servos, qui ad eos perfugissent, poposcit. (4) Dum
ea conquiruntur et conferuntur nocte intermissa, circiter
hominum milia sex eius pagi, qui Verbigenus appellatur,
sive timore perterriti, ne armis traditis supplicio affice-
rentur, sive spe salutis inducti, quod in tanta multitudine dediticiorum suam fugam aut occultari aut omnino

---

◆ **(27,1) rerum** Gen. obi. abh. von *inopia* | **de** hier: wegen | **deditio**
→ V   ◆ **(2) se ad pedes proicere** sich zu Füßen werfen | **tum** hier:
jetzt | **iussisset** Subj.-Wechsel im *cum*-Satz   ◆ **(3) perfugere** *ad alqm*
zu jdm. flüchten, überlaufen   ◆ **(4) ea** Das Neutr. beinhaltet auch die
obsides und *servi* | **conquirere** zusammensuchen | **nocte intermissā**
nach Einbruch der Nacht | **hominum** Gen. part. abh. von *milia* | **pagus**
→ V | **Verbígenus** (Name eines helvetischen Teilstammes) | **sive …**
perterriti … sive … inducti auf *hominum milia* zu bez. | **in tanta mul-**
titudine bei einer solchen Menge (Präp.-Ausdr. statt eines Kausalsat-
zes) | **dediticius** einer, der sich ergeben hat; Unterworfener

ignorari posse existimarent, prima nocte e castris Helvetiorum egressi ad Rhenum finesque Germanorum contenderunt.

28 (1) Quod ubi Caesar resciit, quorum per fines ierant, his, uti conquirerent et reducerent, si sibi purgati esse vellent, imperavit; reductos in hostium numero habuit; (2) reliquos omnes obsidibus, armis, perfugis traditis in deditionem accepit. (3) Helvetios, Tulingos, Latobrigos, in fines suos, unde erant profecti, reverti iussit, et quod omnibus frugibus amissis domi nihil erat, quo famem tolerarent, Allobrogibus imperavit, ut iis frumenti copiam facerent; ipsos oppida vicosque, quos incenderant, restituere iussit. (4) Id ea maxime ratione fecit, quod noluit eum locum, unde Helvetii discesserant, vacare, ne propter bonitatem agrorum Germani, qui trans Rhenum incolunt, suis finibus in Helvetiorum fines transirent et finitimi Galliae provinciae Allobrogibusque essent. (5) Boios petentibus Haeduis, quod egregia virtute erant

---

ignorari hier: unbemerkt bleiben | **existimarent** Konj. drückt die Hoffnung der Flüchtenden aus | **primā nocte** bei Einbruch der Nacht

◆ **(28,1) quod ubi** ~ *ubi id* | **resciscere** *alqd* erfahren von etw. | **uti** ~ *ut* | ⟨*eos*⟩ **conquirerent et reducerent** (*conquirere* hier: aufspüren) | **sibi** ~ *Caesari* | **purgatum esse** *alcui* jdm. als entschuldigt gelten | **in hostium numero habere** behandeln als/wie Feinde (d. h. sie wurden getötet oder in die Sklaverei verkauft)   ◆ **(2) perfuga** Überläufer, Deserteur | *alqm* **in deditionem accipere** jds. Kapitulation annehmen   ◆ **(3) Tulingos, Latobrigos** →5,4 (Die Rauracer werden nicht eigens erwähnt, gehören aber dazu.) | **fruges, -um** (f.) Feldfrüchte | **copiam frumenti facere** *alcui* jdm. die Gelegenheit geben, Getreide zu bekommen   ◆ **(4) ratio** hier: Überlegung, Beweggrund | **vacare** unbewohnt sein, herrenlos sein | **bonitas, -atis** (f.) Güte, Qualität | **suis finibus** ~ *e suis finibus*   ◆ **(5) Boios** Akk.-Obj. zu *collocarent* (betont an den Anfang gestellt, um ihre von den Helvetiern, Tulingern und Latobrigern abweichende Behandlung hervorzuheben)

cogniti, ut in finibus suis collocarent, concessit; quibus illi
agros dederunt quosque postea in parem iuris libertatisque
condicionem, atque ipsi erant, receperunt.

29 (1) In castris Helvetiorum tabulae repertae sunt litteris Graecis confectae et ad Caesarem relatae, quibus in ta-
bulis nominatim ratio confecta erat, qui numerus domo
exisset eorum, qui arma ferre possent, et item separatim
pueri, senes mulieresque. (2) Quarum omnium rerum
summa erat capitum Helvetiorum milia ducenta sexaginta
tria, Tulingorum milia XXXVI, Latobrigorum XIIII, Rauracorum XXIII, Boiorum XXXII; ex his, qui arma ferre
possent, ad milia nonaginta duo. (3) Summa omnium
fuerunt ad milia trecenta sexaginta octo. Eorum, qui domum redierunt, censu habito, ut Caesar imperaverat, re-
pertus est numerus milium centum et decem.

---

cognitus *alqa re* bekannt ~ bewährt durch etw. | *ut*-Satz von *petentibus*
abh. | **collocarent** Subj. *Haedui* | **quibus … quos** rel. Satzanschl. | **par
… atque** gleich … wie | **iuris condicio** Rechtsstellung | **libertatis con-
dicio** Maß an Freiheit | **atque ipsi erant** wie sie selbst sie besaßen | **reci-
pere** *alqm in alqd* jdm. etw. gewähren
◆ **(29,1) litteris Graecis** mit griech. Buchstaben (aber wohl nicht in
griech. Sprache; die griech. Kultur strahlte von Massilia, heute Mar-
seille, einer griech. Kolonie, offenbar weit nach Gallien hinein.) | **confi-
cere** hier: schreiben, abfassen | **relatae** ⟨sunt⟩ | **quibus in tabulis** ~ *in
quibus tabulis* (*tabulis* ist im Dt. wegzulassen) | **nominatim** unter Nen-
nung der einzelnen Namen | **rationem conficere** eine Berechnung, ein
Verzeichnis erstellen | **qui numerus** welche Anzahl | **separatim** für
sich, einzeln ◆ **(2) quarum** rel. Satzanschl. | **res** hier: Posten, Rubrik |
erat belief sich auf | **capita** Köpfe ~ Personen | **XXXVI** *triginta sex* |
XIIII *quattuordecim* | **XXIII** *viginti tria* | **XXXII** *triginta duo* | **ad** (bei
Zahlen) →V ◆ **(3) fuerunt** ~ *fuit* | **censum habere** eine (Volks-)
Zählung durchführen

In der zweiten Hälfte von Buch I berichtet Caesar von der Auseinandersetzung mit Ariovist, dem König der germanischen Sueben. Dieser hatte bereits seit Jahren massiv in die gallischen Verhältnisse eingegriffen und war aufgrund des von ihm ausgehenden Drucks mitverantwortlich für die Auswanderungspläne der Helvetier. Nachdem die Gallier um Hilfe gegen Ariovist gebeten hatten, kam es schließlich im September 58 zur Entscheidungsschlacht zwischen Caesar und Ariovist. Caesars Sieg verhinderte für Jahrhunderte eine Ausbildung germanischer Machtzentren westlich des Rheins.

Buch II: Es enthält die Ereignisse des Jahres 57. Hier stellt Caesar die Unterwerfung der Belger sowie der Völkerschaften in der heutigen Normandie und Bretagne dar. Für seine Leistungen sei ihm vom Senat ein fünfzehntägiges Dankfest beschlossen worden, eine Ehrung, die vor ihm noch niemand erhalten habe, wie er am Ende dieses Buches schreibt.

Buch III: Im Jahr 56 ist Caesar mit der Niederschlagung von Aufständen im nördlichen Gallien sowie mit der Unterwerfung Aquitaniens beschäftigt.

Buch IV: Als sich somit ganz Gallien in Caesars Hand befindet, hat er nun, im Jahr 55, die Möglichkeit, Unternehmungen jenseits der gallischen Grenzen durchzuführen. Die erste Maßnahme dieser Art ist der erste Rheinübergang. Dann wendet er sich Britannien zu.

3. Die erste Überfahrt nach Britannien

3.1 Die Begründung des Unternehmens (IV 20,1–4)

20 (1) Exiguā parte aestatis reliquā Caesar, etsi in his locis, quod omnis Gallia ad septentriones vergit, maturae sunt hiemes, tamen in Britanniam proficisci contendit, quod omnibus fere Gallicis bellis hostibus nostris inde subministrata auxilia intellegebat et, (2) si tempus anni ad bellum gerendum deficeret, tamen magno sibi usui fore arbitrabatur, si modo insulam adisset, genus hominum perspexisset, loca portus aditus cognovisset. (3) Quae omnia fere Gallis erant incognita. Neque enim temere praeter mercatores adit ad illos quisquam neque iis ipsis quicquam praeter oram maritimam atque eas regiones, quae sunt contra Galliam, notum est. (4) Itaque evocatis ad se undique mercatoribus, neque quanta esset insulae magnitudo neque quae aut quantae nationes incolerent neque quem usum belli haberent aut quibus institutis uterentur neque qui essent ad maiorum navium multitudinem idonei portus, reperire poterat.

◆ **(20,1) exiguā parte … reliquā** Abl. abs. | **aestas** (Nennung der Jahreszeit mit Blick auf die Kriegführung: Nur im Sommer wurde Krieg geführt.) | **septentriones** → V | **vergere** sich erstrecken, liegen | **hiemes** vgl. *aestas* | **Gallicis bellis** (gemeint sind die in den letzten Jahren mit den versch. gall. Stämmen geführten Kriege) | **subministrata** ⟨*esse*⟩ (*subministrare* zuführen, leisten) ◆ **(2) deficere** hier: nicht ausreichen | **usui esse** Dat. fin. | **fore** ~ *futurum esse* | **modo** nur ~ wenigstens | **adisset, perspexisset, cognovisset** der Konj. drückt Caesars Absicht aus | **loca, -orum** Pl. zu *locus* ◆ **(3) neque enim temere … quisquam** denn kaum einer ◆ **(4) evocare** zu sich rufen | **reperire** davon vier jew. durch *neque* unterschiedene indir. Fragesätze abh.

*In Kapitel 21 berichtet Caesar von vorbereitenden Maß-
nahmen für dieses Unternehmen: Ausschickung eines Auf-
klärungsschiffes, Zusammenziehung der Flotte an der Küste
der Moriner, diplomatische Verhandlungen und Aufträge.*

*Kapitel 22 handelt zunächst von der freiwilligen Unter-
werfung der Moriner; dann beginnt der eigentliche Bericht
über die erste britannische Expedition.*

3.2 Die Durchführung des Unternehmens (IV 22,3–27,7)

22 (3) Navibus circiter LXXX onerariis coactis contrac-
tisque, quot satis esse ad duas transportandas legiones existimabat, quicquid praeterea navium longarum habebat, id
quaestori legatis praefectisque tribuit. (4) Huc acce-
debant XVIII onerariae naves, quae ex eo loco a milibus
passuum octo vento tenebantur, quominus in eundem portum venire possent; has equitibus tribuit. (5) Reliquum
exercitum Q. Titurio Sabino et L. Aurunculeio Cottae legatis in Menapios atque in eos pagos Morinorum, a quibus

◆ **(22,3) LXXX** *octoginta* | **navis oneraria** Last-, Transportschiff |
contrahere zusammenziehen, -bringen | **quot … existimabat** (mit AcI
versch. Rel.-Satz) so viele zusammengebracht waren, wie er schätzte,
dass … | **navis longa** → V | **quaestor** (i. d. R. zuständig für finanzielle
Angelegenheiten und die Verpflegung; konnte vom Feldherrn aber
auch mit einem besonderen Kommando betraut werden) | **legatus**
→ V | **praefectus** Praefekt, Kommandeur (→ Anh. S. 135) ◆ **(4) huc**
(Der Hafen befand sich an der Stelle des heutigen Boulogne.) | **XVIII**
duodeviginti | **ex** hier: von … aus | **a** hier: in einer Entfernung von | **mi-
libus passuum octo** → V | **tenebantur** ~ *prohibebantur* | **quominus** so
dass ◆ **(5) exercitum ducendum dare** (prädik. Gerundiv) das Heer
zum Führen übergeben, die Führung des Heeres übergeben | **Q. Tituri-
us Sabinus, L. Aurunculeius Cotta** (Eigennamen von hohen Offizieren)

ad eum legati non venerant, ducendum dedit; (6) P. Sulpicium Rufum legatum cum eo praesidio, quod satis esse arbitrabatur, portum tenere iussit.

23 (1) His constitutis rebus nactus idoneam ad navigandum tempestatem tertia fere vigilia naves solvit equitesque in ulteriorem portum progredi et naves conscendere et se sequi iussit. (2) A quibus cum paulo tardius esset administratum, ipse hora diei circiter quarta cum primis navibus Britanniam attigit atque ibi in omnibus collibus expositas hostium copias armatas conspexit. (3) Cuius loci haec erat natura atque ita montibus angustis mare continebatur, uti ex locis superioribus in litus telum adigi posset. (4) Hunc ad egrediendum nequaquam idoneum locum arbitratus, dum reliquae naves eo convenirent, ad horam nonam in ancoris exspectavit. (5) Interim legatis tribunisque militum convocatis, et quae ex Voluseno cognovisset et quae fieri vellet, ostendit monuitque, uti rei militaris ratio maximeque ut maritimae res postularent, ut,

---

◆ **(6) P. Sulpicius Rufus** (Eigenname eines hohen Offiziers) | **legatus** → V | **quod … arbitrabatur** mit AcI verschr. Rel.-Satz
◆ **(23,1) tempestas, -atis** hier: Wetter | **tertia vigilia** → Anh. S. 139 | **fere** (relativiert die Zeitangabe, weil nicht alle Schiffe gleichzeitig abfahren konnten) | **naves solvere** die Anker lichten (wörtl.: die Schiffe lösen) | **ulterior portus** (vermutl. das heutige Ambleteuse) | **conscendere** besteigen ◆ **(2) administrare** hier: (einen Auftrag) ausführen | **horā quartā** → Anh. S. 139 | **exponere** hier: aufstellen ◆ **(3) haec ~ *talis*** | **ita montibus angustis mare continebatur** (gemeint ist die Steilküste von Dover) | **continere** hier: begrenzen | **montes angusti** Steilklippen | **adigere** schleudern, werfen ◆ **(4) nequaquam** überhaupt nicht | **ad horam nonam** → Anh. S. 139 | **ancora** Anker ◆ **(5) legatus** → V | **tribunus militum** → V | ⟨*C.*⟩ **Volusenus** ⟨*Quadratus*⟩ (Eigenname eines Militärtribunen, der einige Tage vorher als Aufklärer an der britannischen Küste unterwegs gewesen war.) | **uti ~ *ut*** | **rei militaris ratio** die militärische Lage | **maritimae res** die Verhältnisse zur See

quam celerem atque instabilem motum haberent, ad nu-
tum et ad tempus omnes res ab iis administraren-
tur.   (6) His dimissis et ventum et aestum uno tempore
nactus secundum dato signo et sublatis ancoris circiter milia passuum septem ab eo loco progressus, aperto ac plano
litore naves constituit.

24 (1) At barbari consilio Romanorum cognito, prae-
misso equitatu et essedariis, quo plerumque genere in
proeliis uti consuerunt, reliquis copiis subsecuti nostros
navibus egredi prohibebant.   (2) Erat ob has causas summa difficultas, quod naves propter magnitudinem nisi in
alto constitui non poterant, militibus autem ignotis locis,
impeditis manibus, magno et gravi onere armorum pressis
simul et de navibus desiliendum et in fluctibus consisten-
dum et cum hostibus erat pugnandum,   (3) cum illi aut
ex arido aut paulum in aquam progressi omnibus membris
expeditis, notissimis locis audacter tela conicerent et equos
insuefactos incitarent.   (4) Quibus rebus nostri perterriti
atque huius omnino generis pugnae imperiti non eadem

---

quam in dem Maße wie | **instabilis, -e** unstet, unbeständig | **ad nutum**
auf Wink, genau auf Kommando | **ad tempus** zum richtigen Zeitpunkt |
administrare → 23,2   ◆ **(6) aestus, -ūs** (m.) hier: Strömung | **secun-
dum** zu *ventum* und *aestum* | **milia passuum septem** → V | **apertus** of-
fen ~ leicht zugänglich | **naves constituere** Gegensatz zu *naves solvere*
  ◆ **(24,1) essedariis** ⟨*praemissis*⟩ (*essedarius* Streitwagenkämpfer) |
quo … genere eine Taktik, die (Abl. wegen *uti*) | **consuerunt** ~ *consue-
verunt* | **prohibebant** Impf. de conatu   ◆ **(2) nisi … non** nur | **altum,
-i** (n.) hier: tiefes Wasser | **constituere** ↔ *naves solvere* | **militibus …
pressis** Dat. auct. | **simul** zu *desiliendum, consistendum, pugnandum
erat*   ◆ **(3) aridum, -i** (n.) trockenes Land, Ufer | **progredi** hier: ~ *pro-
dire* | **expeditus** ungehindert (↔ *impeditus*) | **insuefactus** daran ge-
wöhnt, abgerichtet

alacritate ac studio, quo in pedestribus uti proeliis con-
suerant, utebantur.

25 (1) Quod ubi Caesar animadvertit, naves longas, quarum et species erat barbaris inusitatior et motus ad usum
expeditior, paulum removeri ab onerariis navibus et remis
incitari et ad latus apertum hostium constitui atque inde
fundis, sagittis, tormentis hostes propelli ac submoveri iussit. (2) Quae res magno usui nostris fuit. Nam et navium
figura et remorum motu et inusitato genere tormentorum
permoti barbari constiterunt ac paulum modo pedem rettulerunt. (3) At nostris militibus cunctantibus maxime
propter altitudinem maris, qui decimae legionis aquilam
ferebat, obtestatus deos, ut ea res legioni feliciter eveniret,
›desilite‹, inquit, ›commilitones, nisi vultis aquilam hostibus prodere; ego certe meum rei publicae atque impera-
tori officium praestitero.‹ (4) Hoc cum voce magna
dixisset, se ex navi proiecit atque in hostes aquilam ferre
coepit. (5) Tum nostri cohortati inter se, ne tantum

◆ **(4) alacritas ac studium** Kampfesfreude und Einsatz | **proelium pe-
destre** Schlacht zu Lande

◆ **(25,1) quod** rel. Satzanschl. | **navis longa** →V | **inusitatus** unge-
wöhnlich | **motus, -ūs** (m.) hier: das Bewegtwerden | **ad usum** ~ *ad na-
vigandum* | **motus ad usum** Manövrierbarkeit | **expeditus** hier: leicht |
removere hier: wegbewegen | **navis oneraria** Last-, Transportschiff |
remus Ruder | **incitare** ~ *movere* | **latus apertum** →V | **funda** Schleu-
der | **sagitta** Pfeil | **tormentum** Wurfmaschine, (schweres) Geschütz |
propellere in die Flucht treiben | **submovere** zurückdrängen, vertrei-
ben   ◆ **(2) pedem referre** (wörtl.: ›den Fuß zurücksetzen‹) kämpfend
allmählich ausweichen (Ausdr. für den geordneten Rückzug)   ◆ **(3)**
⟨*is,*⟩ **qui …, obtestatus …, ut …, … inquit** | **aquila** Adler, hier: Legi-
onsadler (höchstes Feldzeichen der Legion) | **obtestari** beschwören, an-
flehen | **evenire** hier: ausgehen, verlaufen | **desilire** hinabspringen
(hier: ins Wasser) | **commilito, -onis** (m.) Kamerad | **praestitero** im Dt.
Fut. I   ◆ **(4) se proicere** sich hinabstürzen

dedecus admitteretur, universi ex navi desiluerunt.
(6) Hos item ex proximis navibus cum conspexissent, subsecuti hostibus appropinquaverunt.

26 (1) Pugnatum est ab utrisque acriter. Nostri tamen,
quod neque ordines servare neque firmiter insistere neque
signa subsequi poterant atque alius alia ex navi, quibus-
cumque signis occurrerat, se aggregabat, magnopere per-
turbabantur. (2) Hostes vero notis omnibus vadis, ubi ex
litore aliquos singulares ex navi egredientes conspexerant,
incitatis equis impeditos adoriebantur, (3) plures paucos
circumsistebant, alii ab latere aperto in universos tela con-
iciebant. (4) Quod cum animadvertisset Caesar, scaphas
longarum navium, item speculatoria navigia militibus
compleri iussit, et quos laborantes conspexerat, his subsi-
dia submittebat. (5) Nostri simul in arido constiterunt,
suis omnibus consecutis in hostes impetum fecerunt atque
eos in fugam dederunt; neque longius prosequi potuerunt,
quod equites cursum tenere atque insulam capere non po-
tuerant. Hoc unum ad pristinam fortunam Caesari defuit.

◆ **(5) dedecus, -oris** (n.) Schande ◆ **(6) cum** Subjunktion weit in
den Satz hineingezogen | **appropinquare** sich nähern

◆ **(26,1) ordines servare** in Reih und Glied bleiben | **firmiter** ~ *fir-
me* | **insistere** auftreten, Fuß fassen | **alius alia ex navi** der eine aus die-
sem, der andere aus jenem Schiff; jeder aus einem anderen Schiff | **se
aggregare** sich anschließen ◆ **(2) notis omnibus vadis** Abl. abs. | **im-
peditus** behindert | **adoriri** →V ◆ **(3) plures** Nom. Pl., prädik. zu
circumsistebant: in Überzahl | **circumsistere** ~ *circumdare* | **ab** hier:
auf | **latus apertum** →V (gemeint ist hier die Flanke der Rö-
mer) ◆ **(4) scapha** (Bei-)Boot | **navis longa** Kriegsschiff | **navigium
speculatorium** Aufklärungs-, Spähboot | **laborare** hier: bedrängt sein,
in Schwierigkeiten sein | **submittere** zu Hilfe schicken ◆ **(5) nostri**
(die 25,4–6 erwähnten Soldaten) | **aridum, -i** (n.) trockenes Land,
Ufer | **suis** ~ *suis commilitonibus* (→ 25,3) | **in fugam dare** in die Flucht
schlagen | **neque** ~ *neque tamen* | **prosequi** verfolgen | **capere** hier: er-
reichen | **pristinus** →V

27 (1) Hostes proelio superati simulatque se ex fuga receperunt, statim ad Caesarem legatos de pace miserunt;
obsides daturos, quaeque imperasset, sese facturos polliciti
sunt.   (2) Una cum his legatis Commius Atrebas venit,
quem supra demonstraveram a Caesare in Britanniam
praemissum.   (3) Hunc illi e navi egressum, cum ad eos
oratoris modo Caesaris mandata deferret, comprehen-
derant atque in vincula coniecerant.   (4) Tum proelio facto remiserunt et in petenda pace eius rei culpam in multitudinem contulerunt et, propter imprudentiam ut ignosce-
retur, petiverunt.   (5) Caesar questus, quod, cum ultro in
continentem legatis missis pacem ab se petissent, bellum
sine causa intulissent, ignoscere imprudentiae dixit obsidesque imperavit.   (6) Quorum illi partem statim dederunt,
partem ex longinquioribus locis accersitam paucis diebus
sese daturos dixerunt.   (7) Interea suos in agros remigrare

◆ **(27,1) simulatque** Subjunktion weit in den Satz hineingezogen |
se ex fuga recipere sich von (den Anstrengungen) der Flucht erholen |
de hier: wegen | **quaeque** ~ ⟨*et ea,*⟩ *quae* | **imperasset** ~ *imperavisset* |
daturos … facturos ⟨*esse*⟩ ◆ **(2) Commius** (war einige Zeit vorher
von Caesar nach Britannien geschickt worden, um dortige Stämme für
die Römer zu gewinnen) | **Atrebas, -atis** (m.) Atrebate (zum Stamm der
Atrebaten gehörig) | **quem … demonstraveram … praetermissum**
⟨*esse*⟩ mit AcI verschr. Rel.-Satz | **demonstraveram** ausnahmsweise 1.
Pers. | **supra** (Caesar verweist hier auf IV 21) ◆ **(3) oratoris modo**
als Gesandter/Unterhändler | **mandatum** Auftrag | **in vincula conicere**
~ *in vincula dare* ◆ **(4) eius rei** Gen. obi. abh. von *culpam* (gemeint
ist die rechtswidrige Festnahme des Commius) | **conferre** *alqd in alqm*
etw. auf jdn. schieben | ordne: **et petiverunt, ut propter imprudentiam
ignosceretur** ◆ **(5) quod** (fakt.) dass | **continens** (f.) Festland | **bel-
lum inferre** Krieg anfangen | ⟨*se*⟩ **ignoscere … dixit** | **imperare**
→V ◆ **(6) longinquus** (weit) entfernt | **daturos** ⟨*esse*⟩ ◆ **(7) remi-
grare** ~ *redire*

iusserunt principesque undique convenire et se civitatesque suas Caesari commendare coeperunt.

Als jedoch durch einen Sturm ein Teil der römischen Flotte beschädigt worden ist, nehmen die Britannier die Feindseligkeiten wieder auf, werden aber von Caesar erneut geschlagen. Aufgrund der Jahreszeit zieht es Caesar vor, unverzüglich zum Festland zurückzukehren. – Für seine Leistungen wird ihm zu Ehren vom Senat ein zwanzigtägiges Dankfest beschlossen.

Buch V: Im Jahr 54 bereitet Caesar eine weitere Expedition nach Britannien vor. Um Aufstände in Gallien von vornherein zu verhindern, nimmt er einen großen Teil der gallischen Stammesführer mit nach Britannien. In den Bericht über die militärischen Ereignisse hat Caesar eine geographische und ethnographische Beschreibung eingeschoben.

4. Exkurse

4.1 Britannien – Land und Leute (V 12–14)

12 (1) Britanniae pars interior ab iis incolitur, quos natos in insula ipsi memoria proditum dicunt, (2) maritima pars ab iis, qui praedae ac belli inferendi causa ex Belgio transierant – qui omnes fere iis nominibus civitatum appellantur, quibus orti ex civitatibus eo pervenerunt – et bello illato ibi remanserunt atque agros colere coeperunt.

---

convenire ⟨*ad Caesarem*⟩ | **commendare** empfehlen, beliebt machen
◆ **(12,1) natos** ⟨*esse*⟩, **proditum** ⟨*esse*⟩ | **memoriā proditum est** es hat sich die Kunde erhalten ◆ **(2) Belgium, -i** (n.) Belgien | ordne: **ex quibus civitatibus orti** (*civitatibus* ist im Dt. wegzulassen) | **bellum inferre** Krieg anfangen

(3) Hominum est infinita multitudo creberrimaque aedificia fere Gallicis consimilia, pecoris numerus ingens. (4) Utuntur aut aere aut nummo aureo aut taleis ferreis ad certum pondus examinatis pro nummo. (5) Nascitur ibi plumbum album in mediterraneis regionibus, in maritimis ferrum, sed eius exigua est copia; aere utuntur importato. Materia cuiusque generis, ut in Gallia est praeter fagum atque abietem. (6) Leporem et gallinam et anserem gustare fas non putant; haec tamen alunt animi voluptatisque causa. Loca sunt temperatiora quam in Gallia remissioribus frigoribus.

13 (1) Insula natura triquetra, cuius unum latus est contra Galliam. Huius lateris alter angulus, qui est ad Cantium, quo fere omnes ex Gallia naves appelluntur, ad orientem solem, inferior ad meridiem spectat. Hoc latus pertinet circiter milia passuum quingenta. (2) Alterum vergit ad Hispaniam atque occidentem solem. Qua ex parte est Hibernia insula, dimidio minor, ut existimatur, quam Britannia, sed pari spatio transmissus atque ex Gallia est in

---

◆ **(3) consimilis, -e** sehr ähnlich   ◆ **(4) nummus** Münze | **talea, -ae** (f.) Stäbchen | **ferreus** eisern, Eisen- | **examinare** abwägen   ◆ **(5) plumbum album** Zinn (wörtl.: weißes Blei) | **mediterraneus ~ *interior*** | **importare** einführen | **materia** hier: Bauholz | **quisque ~ *omnis*** | **fagus, -i** (f.) Buche | **abies, -ietis** (f.) Tanne   ◆ **(6) lepus, -oris** (m./f.) Hase | **gallina** Huhn | **anser, -eris** (m.) Gans | **gustare** kosten, essen | **fas non ⟨*esse*⟩ putant** | **loca, -orum** Pl. zu *locus* | **temperatus** mild, warm | **remissus** mild

◆ **(13,1) naturā** Abl. lim. | **triquetra ⟨*est*⟩** | **triquetrus** dreieckig | **angulus** Ecke, Winkel | **Cantium** (das heutige Kent) | **appellere** hinsteuern; Pass.: landen | **oriens sol** Osten | **inferior** hier: weiter unten gelegen | **milia passuum →** V | **quingenta** 500 (weit größere Angabe als der wirklichen Größe entspricht)   ◆ **(2) vergere** sich erstrecken, liegen | **occidens sol** Westen | **qua ex parte** in dieser Richtung | **Hibernia insula** Irland | **dimidium** Hälfte | **par ... atque** gleich ... wie | **pari spatio** Abl. qual. | **transmissus, -ūs** (m.) Überfahrt

Britanniam.   (3) In hoc medio cursu est insula, quae appellatur Mona; complures praeterea minores obiectae insulae existimantur; de quibus insulis nonnulli scripserunt dies continuos XXX sub brumam esse noctem.   (4) Nos nihil de eo percontationibus reperiebamus, nisi certis ex aqua mensuris breviores esse quam in continenti noctes videbamus.   (5) Huius est longitudo lateris, ut fert illorum opinio, septingentorum milium.   (6) Tertium est contra septentriones; cui parti nulla est obiecta terra, sed eius angulus lateris maxime ad Germaniam spectat. Hoc milia passuum octingenta in longitudinem esse existimatur. (7) Ita omnis insula est in circuitu vicies centum milium passuum.

14 (1) Ex his omnibus longe sunt humanissimi, qui Cantium incolunt, quae regio est maritima omnis, neque multum a Gallica differunt consuetudine.   (2) Interiores plerique frumenta non serunt, sed lacte et carne vivunt pellibusque sunt vestiti. Omnes vero se Britanni vitro

◆ (3) in medio cursu auf halbem Weg | Mona (die heutige Insel Man) | minores ... insulae (welche Inseln gemeint sind, lässt sich nicht sagen) | obiectus davor liegend | continuus hier: nacheinander | XXX triginta | sub brumam um die Zeit der Wintersonnenwende   ◆ (4) de eo ~ de ea re | percontatio, -onis (f.) (gründliches) Fragen und Forschen | nisi hier: außer dass | ex aqua hier: nach der Wasseruhr | mensura Messung | continens (f.) Festland   ◆ (5) ut fert opinio nach (der) Meinung | illorum (die in 13,3 genannten nonnulli) | septingenti 700 | septingentorum milium Gen. qual.   ◆ (6) septentriones →V | angulus →13,1 | milia passuum →V | octingenta 800   ◆ (7) circuitus, -ūs (m.) Umfang | vicies zwanzigmal

◆ (14,1) humanus zivilisiert, kultiviert | Cantium →13,1 | consuetudo, -inis (f.) hier: Lebensweise   ◆ (2) serere säen, anbauen | lac, lactis (n.) Milch | caro, carnis (f.) Fleisch | pellis, -is (f.) Fell | vestire bekleiden | vitrum Waid (eine blaufärbende Pflanze)

inficiunt, quod caeruleum efficit colorem, atque hoc horri-
biliores sunt in pugna aspectu;   (3) capilloque sunt pro-
misso atque omni parte corporis rasa praeter caput et la-
brum superius.   (4) Uxores habent deni duodenique inter
se communes et maxime fratres cum fratribus parentesque
cum liberis.   (5) Sed si qui sunt ex iis nati, eorum habentur liberi, quo primum virgo quaeque deducta est.

*Nach großen Erfolgen in Britannien kehrt Caesar nach
Gallien zurück. Doch dort sieht er sich mit einem Aufstand
der Belger unter maßgeblicher Führung des Eburonenfürsten
Ambiorix konfrontiert, der den Römern erhebliche Verluste
verursacht. Mit Mühe wird Caesar wieder Herr der Lage.*

*Buch VI: Im Jahr 53 unternimmt Caesar zunächst militä-
rische Aktionen, um aufständische Stämme im Nordosten
Galliens zu strafen. Da diese von germanischer Seite Unter-
stützung erwartet haben, überschreitet er zum zweiten Mal
den Rhein, um die Germanen in die Schranken zu weisen
und um Ambiorix zu fassen, der nach Germanien entwichen
ist. Von den Ubiern, einem Germanenstamm in der Gegend
des heutigen Köln, erfährt Caesar, dass es Sueben gewesen
seien, die den Galliern hätten zu Hilfe kommen wollen, dass
sie sich aber ins Innere Germaniens zurückgezogen hätten. –
An dieser Stelle unterbricht Caesar seinen militärischen Bericht und macht einen Exkurs über Gallier und Germanen.*

inficere hier: fàrben, anmalen | **caeruleus** blau | **hoc** (beim Komp.)
umso | **horribilis aspectu** (Supin) schrecklich anzuschauen   ◆ **(3) ca-
pillus** Haar | **promissus** lang | **capillo promisso, omni parte rasa** Abl.
qual. | **labrum superius** Oberlippe   ◆ **(4) deni duodenique** (je) zehn
oder zwölf | **parentes** ~ *patres*   ◆ **(5)** ⟨*ali*⟩**qui** | **eorum** verweist auf
quo | **quo** ~ *ad quos* | **quaeque** zu *quisque* | **deducere** hier: führen (aus
dem Elternhaus in das des Bräutigams)

4.2 Die Gallier (VI 11–20)

11 (1) Quoniam ad hunc locum perventum est, non alienum esse videtur de Galliae Germaniaeque moribus et, quo differant hae nationes inter sese, proponere. (2) In Gallia non solum in omnibus civitatibus atque in omnibus pagis partibusque, sed paene etiam in singulis domibus factiones sunt (3) earumque factionum sunt principes, qui summam auctoritatem eorum iudicio habere existimantur, quorum ad arbitrium iudiciumque summa omnium rerum consiliorumque redeat. (4) Idque eius rei causa antiquitus institutum videtur, ne quis ex plebe contra potentiorem auxilii egeret; suos enim quisque opprimi et circumveniri non patitur neque, aliter si faciat, ullam inter suos habet auctoritatem. (5) Haec eadem ratio est in summa totius Galliae; namque omnes civitates divisae sunt in duas partes.

12 (1) Cum Caesar in Galliam venit, alterius factionis principes erant Haedui, alterius Sequani. (2) Hi cum per se minus valerent, quod summa auctoritas antiquitus erat in Haeduis magnaeque eorum erant clientelae, Germanos atque Ariovistum sibi adiunxerant eosque ad se magnis

---

◆ **(11,1) alienus** hier: unpassend, unangebracht ◆ **(2) pagus** →V | **factio** →V ◆ **(3)** ⟨*ii,*⟩ **qui … habere existimantur** mit NcI verschr. Rel.-Satz | **eorum** ~ *Gallorum* | **arbitrium** Belieben, freies Ermessen | **summa** hier: letzte Entscheidung | **redire** *ad alqd* einer Sache zufallen, bei etw. liegen | **quorum … redeat** Konj. wegen konsek. Sinnrichtung; *quorum* ~ *ut eorum*; *quorum* auf *principes* zu beziehen ◆ **(4) antiquitus** (Adv.) seit/in alter Zeit | **institutum** ⟨*esse*⟩ | **auxilii egere** ~ *auxilio egere* | **circumvenire** hier: in Gefahr bringen, bedrängen ◆ **(5) ratio** hier: Verhaltensweise, Zustand | **summa** hier: jeder Teil

◆ **(12,1) factio** →V ◆ **(2) per se** von sich aus, auf sich gestellt | **antiquitus** →11,4 | **clientela** Schutzgenossenschaft | **adiungere sibi** *alqm* jdn. für sich gewinnen

iacturis pollicitationibusque perduxerant. (3) Proeliis vero compluribus factis secundis atque omni nobilitate Haeduorum interfecta tantum potentia antecesserant, (4) ut magnam partem clientium ab Haeduis ad se traducerent obsidesque ab iis principum filios acciperent et publice iurare cogerent nihil se contra Sequanos consilii inituros, et partem finitimi agri per vim occupatam possiderent Galliaeque totius principatum obtinerent. (5) Qua necessitate adductus Diviciacus auxilii petendi causa Romam ad senatum profectus infecta re redierat. (6) Adventu Caesaris facta commutatione rerum, obsidibus Haeduis redditis, veteribus clientelis restitutis, novis per Caesarem comparatis, quod ii, qui se ad eorum amicitiam aggregarant, (7) meliore condicione atque aequiore imperio se uti videbant, reliquis rebus eorum gratia dignitateque amplificata Sequani principatum dimiserant. In eorum locum Remi successerant; quos quod adaequare apud Cae-

---

iactura hier: Opfer (Offensichtl. mussten die Sequaner an die Germanen Land abtreten.) | **pollicitatio** →V | **perducere ad se** auf seine Seite bringen ◆ **(3) tantum** so sehr | **antecedere** *alqa re* in/an etw. den Vorrang gewinnen | **tantum potentiā antecessisse** (result. Perf.) eine solche Übermacht besitzen ◆ **(4) cliens** hier: Schutzgenosse | **traducere** ~ *perducere* →12,2 | **obsides** prädik. | **accipere** hier: sich geben lassen | **publice** hier: im Namen des Staates | ⟨*eos*⟩ **cogerent** | **consilii** Gen. part. abh. von *nihil* | **inituros** ⟨*esse*⟩ | **possídere** (*possído*) in Besitz nehmen ◆ **(5) necessitas, -atis** (f.) Bedrängnis, Zwangslage | **infecta re** (Abl. abs.) unverrichteter Dinge, ohne etwas ausgerichtet zu haben ◆ **(6) commutatio** →V | **clientela** →12,2 | **aggregarant** ~ *aggregaverant* (*se aggregare ad alqd* sich anschließen an etw.) ◆ **(7) uti** hier: haben, genießen | **reliquis rebus** in jeder sonstigen Hinsicht (Abl. lim.) | **gratia** hier: Ansehen | **dignitas, -atis** (f.) hier: Rang (innerhalb der gall. Stämme) | **amplificare** vermehren, erhöhen | **quos** rel. Satzanschl.; Subj.-Akk. des AcI; als Akk.-Obj. zu *adaequare* ist *Haeduos* zu erg. | **adaequare** *alqm* jdm. gleichkommen

sarem gratia intellegebatur, ii, qui propter veteres inimiciti-
as nullo modo cum Haeduis coniungi poterant, se Remis
in clientelam dicabant.   (8) Hos illi diligenter tuebantur;
ita novam et repente collectam auctoritatem tenebant;
(9) et eo tum statu res erat, ut longe principes haberentur
Haedui, secundum locum dignitatis Remi obtinerent.

13 (1) In omni Gallia eorum hominum, qui aliquo sunt
numero atque honore, genera sunt duo. Nam plebes paene
servorum habetur loco, quae nihil audet per se, nulli
adhibetur consilio.   (2) Plerique cum aut aere alieno aut
magnitudine tributorum aut iniuria potentiorum premun-
tur, sese in servitutem dicant. Nobilibus in hos eadem
omnia sunt iura, quae dominis in servos.   (3) Sed de his
duobus generibus alterum est druidum, alterum equitum.
(4) Illi rebus divinis intersunt, sacrificia publica ac privata
procurant, religiones interpretantur. Ad hos magnus adu-
lescentium numerus disciplinae causa concurrit magno-
que hi sunt apud eos honore.   (5) Nam fere de omnibus
controversiis publicis privatisque constituunt, et si quod
est facinus admissum, si caedes facta, si de heredidate, de

---

alcui **in clientelam se dicare** sich förmlich in jds. Schutzgenossenschaft
aufnehmen lassen   ◆ **(8) repente** hier: unerwartet   ◆ **(9) eo … statu**
Abl. qual. | **haberi** → V

◆ **(13,1) aliquo numero esse** von einiger ~ von nennenswerter Be-
deutung sein (*numerus* hier: Geltung, Bedeutung) | *alqm loco alcuius*
habere jdn. behandeln wie etw.   ◆ **(2) aes alienum** Schulden | **tribu-
tum** Steuer | **sese in servitutem dicere** sich in die Sklaverei begeben
◆ **(3) drúides** → V   ◆ **(4) procurare** besorgen, verrichten | **religio-
nes, -um** (f.) hier: das, was mit dem Götterglauben zu tun hat | **inter-
pretari** hier: erklären, Auskunft geben über | **disciplina** hier: Unter-
richt, Unterweisung | **concurrere** ~ *convenire* | **apud eos** ~ *apud Gallos*
◆ **(5) controversiae publicae** (meint Streitigkeiten zw. Stämmen) |
constituere hier: entscheiden | **admittere** hier: begehen | **hereditas,
-atis** (f.) Erbschaft

finibus controversia est, idem decernunt, praemia poenasque constituunt. (6) Si qui aut privatus aut populus eorum decreto non stetit, sacrificiis interdicunt. Haec poena apud eos est gravissima. (7) Quibus ita est interdictum, hi numero impiorum ac sceleratorum habentur, his omnes decedunt, aditum eorum sermonemque defugiunt, ne quid ex contagione incommodi accipiant, neque his petentibus ius redditur neque honos ullus communicatur. (8) His autem omnibus druidibus praeest unus, qui summam inter eos habet auctoritatem. (9) Hoc mortuo aut, si qui ex reliquis excellit dignitate, succedit aut, si sunt plures pares, suffragio druidum allegitur; nonnumquam etiam armis de principatu contendunt. (10) Hi certo anni tempore in finibus Carnutum, quae regio totius Galliae media habetur, considunt in loco consecrato. Huc omnes undique, qui controversias habent, conveniunt eorumque decretis iudiciisque parent. Disciplina in Britannia reperta (11) atque inde in Galliam translata existimatur, (12) et nunc, qui diligentius eam rem cognoscere volunt, plerumque illo discendi causa proficiscuntur.

14 (1) Druides a bello abesse consuerunt neque tributa

---

idem ~ *druides* | **praemium** Entschädigung | **constituere** hier: festsetzen ◆ **(6) stare** *alqa re* stehen zu etw. ~ sich einer Sache fügen | **interdicere** *alcui alqa re* jdn. von etw. ausschließen ◆ **(7) numero habere** ~ *in numero habere* | **decedere** hier: aus dem Wege gehen | **aditus, -ūs** (m.) *alcuius* Kontakt mit jdm. | **defugere** ~ *fugere* | **contagio, -onis** (f.) Berührung | **incommodi** Gen. part. abh. von *quid* | **ius reddere** Recht sprechen | **communicare** hier: Anteil geben ◆ **(9) excellere** hervorragen | **allegere** wählen ◆ **(10) haberi** →V | **consecratus** geweiht, heilig | **disciplina** hier: Lehre | **reperta** ⟨*esse*⟩ ◆ **(11) transferre** < *trans-ferre* | **translata** ⟨*esse*⟩ ◆ **(12) nunc** ⟨*ii*⟩, **qui** | **illo** dorthin
◆ **(14,1) consuerunt** ~ *consueverunt* | **tributum** Steuer

una cum reliquis pendunt. Militiae vacationem omniumque rerum habent immunitatem.   (2) Tantis excitati praemiis et sua sponte multi in disciplinam conveniunt et a parentibus propinquisque mittuntur.   (3) Magnum ibi numerum versuum ediscere dicuntur. Itaque annos nonnulli vicenos in disciplina permanent. Neque fas esse existimant ea litteris mandare, cum in reliquis fere rebus, publicis privatisque rationibus, Graecis utantur litteris.   (4) Id mihi duabus de causis instituisse videntur, quod neque in vulgus disciplinam efferri velint neque eos, qui discunt, litteris confisos minus memoriae studere, quod fere plerisque accidit, ut praesidio litterarum diligentiam in perdiscendo ac memoriam remittant.   (5) Imprimis hoc volunt persuadere non interire animas, sed ab aliis post mortem transire ad alios, atque hoc maxime ad virtutem excitari putant metu mortis neglecto.   (6) Multa praeterea de sideribus atque eorum motu, de mundi ac terrarum magnitudine, de rerum natura, de deorum immortalium vi ac potestate disputant et iuventuti tradunt.

---

péndere (*pendo*) zahlen | **vacatio, -onis** (f.) *alcuius rei* Befreiung, Freistellung von etw. | **immunitas** ~ *vacatio* ◆ **(2) disciplina** hier: Unterricht, Unterweisung ◆ **(3) versuum** (Die Lehre der Druiden war in Versen verfasst.) | **ediscere** auswendig lernen | **viceni** (je) zwanzig | **permanere** ~ *manere* | **ea** (meint die auswendig zu lernende Druidenlehre) | **ratio** hier: Berechnung, Verzeichnis ◆ **(4) id** (meint das Verbot, die Druidenlehre der Schrift anzuvertrauen) | **disciplina** → 14,2 | **efferre** hinaustragen ~ verbreiten | **velint** Konj. zur Angabe des angenommenen Grundes | **studere** hier: eifrig üben | **quod** weil | **ut** explic., → V | **praesidium** hier: Hilfe | **perdiscere** gründlich/genau lernen | **remittere** (*diligentiam*) nachlassen in; (*memoriam*) schlaff machen ◆ **(5) hoc persuadere** davon überzeugen | **atque** ⟨*eos*⟩ **hoc** ◆ **(6) sidus, -eris** (n.) Gestirn, Sternbild | **terrae, -arum** (f.) hier: Erde | **vis** Stärke ~ Wirkmacht, Einwirkung (auf die Menschen) | **potestas** hier: Machtbereich (›Zuständigkeit‹ unter den Göttern)

15 (1) Alterum genus est equitum. Hi cum est usus atque aliquod bellum incidit – quod ante Caesaris adventum quotannis fere accidere solebat, uti aut ipsi iniurias inferrent aut illatas propulsarent –, omnes in bello versantur; (2) atque eorum ut quisque est genere copiisque amplissimus, ita plurimos circum se ambactos clientesque habet. Hanc unam gratiam potentiamque noverunt.

16 (1) Natio est omnis Gallorum admodum dedita religionibus;   (2) atque ob eam causam, qui sunt affecti gravioribus morbis quique in proeliis periculisque versantur, aut pro victimis homines immolant aut se immolaturos vovent, administrisque ad ea sacrificia druidibus utuntur, (3) quod, pro vita hominis nisi hominis vita reddatur, non posse aliter deorum immortalium numen placari arbitrantur, publiceque eiusdem generis habent instituta sacrificia. (4) Alii immani magnitudine simulacra habent, quorum contexta viminibus membra vivis hominibus complent; quibus succensis circumventi flamma exanimantur homi-

---

◆ **(15,1) usus, -ūs** (m.) hier: Bedürfnis | **incidere** ~ *accidere* | **quotannis** alljährlich, jedes Jahr | **uti** explic., →V | **propulsare** ~ *defendere* ◆ **(2) ut quisque … amplissimus, ita plurimos** je …, desto … (im Dt. mit Komp.) | **amplus** hier: angesehen | **ambactus** (kelt.) ~ *servus* | **cliens** →V

◆ **(16,1) religiones, -um** (f.) hier: alles, was mit Götter- und Aberglauben zu tun hat ◆ **(2)** ⟨*ii,*⟩ **qui** | **quique** ~ *et* ⟨*ii*⟩, *qui* | **victima** Opfertier | **immolare** opfern | **se** ⟨*homines*⟩ **immolaturos** ⟨*esse*⟩ | **vovere** (*voveo*) geloben | **administer, -stri** (m.) Gehilfe (*administris* prädik.: als Gehilfen) | **druides** →V ◆ **(3) nisi** Subjunktion weit in den Satz hineingezogen | **numen, -inis** (n.) hier: Wille | **placare** versöhnen | **publice** hier: im staatlichen Bereich | **eiusdem generis** Gen. qual. abh. von *sacrificia* ◆ **(4) immanis, -e** ungeheuer (groß), riesig | **contextum** PPP zu *contexere* zusammenflechten | **vimen, -inis** (n.) Weidenrute | **quibus** ~ *simulacris* | **succendere** (von unten) anzünden | **exanimare** töten (wörtl.: entseelen)

nes.   (5) Supplicia eorum, qui in furto aut in latrocinio aut aliqua noxii sint comprehensi, gratiora dis immortalibus esse arbitrantur; sed cum eius generis copia deficit, etiam ad innocentium supplicia descendunt.

17 (1) Deorum maxime Mercurium colunt. Huius sunt plurima simulacra, hunc omnium inventorem artium ferunt, hunc viarum atque itinerum ducem, hunc ad quaestus pecuniae mercaturasque habere vim maximam arbitrantur; post hunc Apollinem et Martem et Iovem et Minervam.   (2) De his eandem fere quam reliquae gentes habent opinionem: Apollinem morbos depellere, Minervam operum atque artificiorum initia tradere, Iovem imperium caelestium tenere, Martem bella regere.   (3) Huic, cum proelio dimicare constituerunt, ea, quae bello ceperint, plerumque devovent; cum superaverunt, animalia capta immolant reliquasque res in unum locum conferunt.   (4) Multis in civitatibus harum rerum exstructos tumulos locis consecratis conspicari licet;   (5) neque saepe accidit,

---

◆ **(5) latrocinium** Raub | **aliquā** irgendwo | **noxius** schuldig | **dis ~** *deis* | **descendere** *ad alqd* hier: sich begnügen mit etw., sich zufrieden geben mit etw.

◆ **(17,1) Mercurius** (Caesar setzt den röm. Gott *Mercurius* mit dem kelt. *Teutates* gleich.) | **inventor, -oris** (m.) Subst. zu *inveníre* | **ferunt ~** *dicunt* (mit dopp. Akk.) | **quaestus, -ūs** (m.) Erwerb | **mercatura** Handel; Pl.: Handelsgeschäfte | **Apollo, -inis** (m.) (steht für den kelt. Gott *Belenus*) | **Mars, Martis** (m.) (gleichgesetzt mit dem kelt. Gott *Esus*) | **Iuppiter, Iovis** (röm. Bezeichnung für den kelt. Donnergott *Taran*) | **Minerva** (Die entsprechende kelt. Göttin ist nicht bekannt.)   ◆ **(2) depellere** < *de-pellere* | **opera atque artificia** Handwerks- und Kunstarbeiten | **initia, -orum** hier: Anfangsgründe   ◆ **(3) dimicare ~** *pugnare* | **devovere** (*devoveo*) (als Opfer) geloben | **superare ~** *vincere* | **capere** hier: erbeuten | **immolare** opfern   ◆ **(4) exstruere** aufschichten | **tumulus** Hügel (aus Leichen und Beutestücken) | **conspicari ~** *conspicere*

ut neglecta quispiam religione aut capta apud se occultare aut posita tollere auderet, gravissimumque ei rei supplicium cum cruciatu constitutum est.

18 (1) Galli se omnes ab Dite patre prognatos praedicant idque ab druidibus proditum dicunt.   (2) Ob eam causam spatia omnis temporis non numero dierum, sed noctium finiunt; dies natales et mensum et annorum initia sic observant, ut noctem dies subsequatur.   (3) In reliquis vitae institutis hoc fere ab reliquis differunt, quod suos liberos, nisi cum adoleverunt, ut munus militiae sustinere possint, palam ad se adire non patiuntur filiumque puerili aetate in publico in conspectu patris assistere turpe ducunt.

19 (1) Viri, quantas pecunias ab uxoribus dotis nomine acceperunt, tantas ex suis bonis aestimatione facta cum dotibus communicant.   (2) Huius omnis pecuniae coniunctim ratio habetur fructusque servantur; uter eorum vita superarit, ad eum pars utriusque cum fructibus superiorum temporum pervenit.   (3) Viri in uxores sicuti in liberos vitae necisque habent potestatem; et cum pater fa-

---

◆ **(5) quispiam** (Nom.) (irgend)jemand | **capere** → 17,3 | **ponere** (als Weihegabe) aufstellen | **cruciatus, -ūs** (m.) Marter, Folter

◆ **(18,1) Dis** (Gen.: **Ditis**) pater ~ *Pluto* (Gott der Unterwelt; röm. Bezeichnung für den kelt. Gott *Cernunnos*) | **prognatus** abstammend | **praedicare** rühmen, behaupten | **drúides** → V | **proditum** ⟨esse⟩
◆ **(2) observare** beobachten ~ berechnen | **subsequi** ~ *sequi*   ◆ **(3) fere** hier: gewöhnlich, in der Regel | **ab reliquis** (meint Römer und Griechen) | **nisi** hier: außer | **adolescere** heranwachsen | **palam** ~ *in publico* | **puerilis, -e** Adj. zu *puer* | **assistere** dastehen, dabeistehen

◆ **(19,1) dos, dotis** (f.) Mitgift | **dotis nomine** als Mitgift (wörtl.: unter dem Namen der Mitgift) | **aestimatio, -onis** (f.) Schätzung | **communicare** hier: vereinigen, zusammenlegen   ◆ **(2) coniunctim** gemeinschaftlich, zusammen | **rationem habere** *alcuius rei* Rechnung führen über etw., etw. verwalten | **fructŭs, -uum** (m.) Ertrag, Zinsen | **superarit** ~ *superaverit* | **vitā superare** überleben   ◆ **(3) nex** → V

miliae illustriore loco natus decessit, eius propinqui conveniunt et de morte, si res in suspicionem venit, de uxoribus in servilem modum quaestionem habent, et si com-
pertum est, igni atque omnibus tormentis excruciatas
interficiunt.   (4) Funera sunt pro cultu Gallorum magni-
fica et sumptuosa; omnia, quaeque vivis cordi fuisse arbitrantur, in ignem inferunt, etiam animalia, ac paulo supra
hanc memoriam servi et clientes, quos ab iis dilectos esse
constabat, iustis funeribus confectis una cremabantur.

20 (1) Quae civitates commodius suam rem publicam
administrare existimantur, habent legibus sanctum, si quis
quid de re publica a finitimis rumore ac fama acceperit, uti
ad magistratum deferat neve cum quo alio communicet,
(2) quod saepe homines temerarios atque imperitos falsis
rumoribus terreri et ad facinus impelli et de summis rebus
consilium capere cognitum est.   (3) Magistratus, quae
visa sunt, occultant, quae esse ex usu iudicaverunt, multi-

---

illustris, -e hier: vornehm, edel | **res** Sache = (Todes-)Ursache | **in ser-**
vilem modum nach Sklavenart, wie bei Sklaven | **quaestionem habere**
eine Untersuchung, eine Vernehmung durchführen | **compertum est** es
ist erwiesen (worden) | **tormentum** Folter, Marter | **excruciare** mar-
tern, foltern ◆ **(4) sumptuosus** kostspielig | **omnia quaeque** ~ *et om-*
nia, quae ~ *omnia et ⟨ea⟩, quae* alles, und das heißt das, was | **quaeque**
… fuisse arbitrantur mit AcI verschr. Rel.-Satz | **supra** ~ *ante* | **memo-**
ria ~ *tempus* | **cliens** →V | **quos … dilectos esse constabat** mit AcI
verschr. Rel.-Satz | **iustus** hier: gebührend, angemessen | **cremare** ver-
brennen

◆ **(20,1) commodus** hier: zweckmäßig | **quae civitates** ~ *⟨eae⟩ civita-*
tes, quae | **quae … administrare existimantur** mit NcI verschr. Rel.-
Satz | **sanctum habere, uti** festgelegt haben, dass | **rumor, -oris** (m.) Ge-
rücht, Gerede | **quo** ~ *aliquo* | **communicare cum alqo** besprechen mit
jdm., jdm. mitteilen ◆ **(2) temerarius** unbesonnen ◆ **(3)** *⟨ea⟩, quae*
…, ⟨et ea⟩, quae … | **occultare** hier: bei sich behalten | **quae esse ex usu**
iudicaverunt mit AcI verschr. Rel.-Satz | **ex usu esse** nützlich sein

tudini produnt. De re publica nisi per concilium loqui non conceditur.

4.3 Die Germanen (VI 21–24)

21 (1) Germani multum ab hac consuetudine differunt. Nam neque druides habent, qui rebus divinis praesint, neque sacrificiis student.   (2) Deorum numero eos solos ducunt, quos cernunt et quorum aperte opibus iuvantur, Solem et Vulcanum et Lunam; reliquos ne fama quidem acceperunt.   (3) Vita omnis in venationibus atque in studiis rei militaris consistit; a parvulis labori ac duritiae student. (4) Qui diutissime impuberes permanserunt, maximam inter suos ferunt laudem; hoc alii staturam, alii vires nervosque confirmari putant.   (5) Intra annum vero vicesimum feminae notitiam habuisse in turpissimis habent rebus; cui-

---

per concilium mit Erlaubnis der Versammlung

◆ **(21,1) consuetudo, -inis** (f.) hier: Ausprägung der Lebensweise und der Sitten | **drúides** →V   ◆ **(2) deorum numero ducere** zu den Göttern rechnen | **Sol, -is** (m.) Sonnengott | **Vulcanus** Gott des Feuers | **Luna** Mondgöttin | **reliquos ne fama quidem acceperunt** von den übrigen haben sie nicht einmal durch mündliche Kunde gehört   ◆ **(3) studium** hier: Beschäftigung | **consistere** *in alqa re* bestehen in etw. | **a parvulis** von klein auf | **duritia** Härte, Abhärtung   ◆ **(4) impubes, -eris** unerwachsen ~ ohne sexuelle Aktivitäten | **statura** Körpergröße, Wuchs | **nervus** hier: Muskel   ◆ **(5) intra** ~ *ante* | **notitia** Bekanntschaft, Kenntnis | **habere** *in alqa re* zählen zu etw. | **cuius rei** (Bis heute ist noch keine zufriedenstellende Erklärung gefunden worden, was mit *cuius rei* gemeint ist. Die *feminae notitia*, also der Geschlechtsverkehr, kann nicht gemeint sein, da die Erklärung, dies könne beim gemeinsamen Baden und durch die spärliche Kleidung nicht verborgen werden, keinen Sinn ergibt. Einleuchtender erscheint es, dass nicht Geschlechtsverkehr, sondern dessen Ergebnis, also Schwangerschaft, gemeint sei.)

us rei nulla est occultatio, quod et promiscue in fluminibus
perluuntur et pellibus aut parvis renonum tegimentis utuntur magna corporis parte nuda.

22 (1) Agri culturae non student maiorque pars eorum
victus in lacte, caseo, carne consistit.   (2) Neque quisquam agri modum certum aut fines habet proprios, sed
magistratus ac principes in annos singulos gentibus cogna-
tionibusque hominum quique una coierunt, quantum et
quo loco visum est agri attribuunt atque anno post alio
transire cogunt.   (3) Eius rei multas afferunt causas: ne
assidua consuetudine capti studium belli gerendi agri cul-
tura commutent; ne latos fines parare studeant potentio-
resque humiliores possessionibus expellant; ne accuratius
ad frigora atque aestus vitandos aedificent; ne qua oriatur
pecuniae cupiditas, qua ex re factiones dissensionesque
nascuntur;   (4) ut animi aequitate plebem contineant,
cum suas quisque opes cum potentissimis aequari videat.

23 (1) Civitatibus maxima laus est quam latissime circum se vastatis finibus solitudines habere.   (2) Hoc pro-

---

occultatio, -onis (f.) Verbergen, Verheimlichung | promiscue (Adv.) ge-
mischt, gemeinschaftlich | perluere waschen; Pass.: baden | pellis, -is (f.)
Fell | reno, -onis (m.) Fell, Pelz | tegimentum Bedeckung, Bekleidung

◆ **(22,1)** agri cultura Ackerbau | victus, -ūs (m.) hier: Nahrung |
lac, lactis (n.) Milch | caseus Käse | caro, carnis (f.) Fleisch | consistere
in alqa re bestehen in etw.   ◆ **(2)** gens hier: Sippe | cognatio homi-
num hier: Familie | quique ~ et ⟨eis,⟩ qui | una coire sich zusammen-
schließen | quantum hier: soviel | videri gut scheinen | agri Gen. part.
abh. von quantum | attribuere zuteilen | alio anderswohin   ◆ **(3)** assi-
dua consuetudo sesshafte Lebensweise | humilis, -e hier: (gesellschaft-
lich) tiefstehend, schwach | accuratus sorgfältig | factio →V | dissen-
sio, -onis (f.) Uneinigkeit, Streit   ◆ **(4)** animi aequitas Zufriedenheit |
continere hier: im Zaum halten

◆ **(23,1)** solitudo, -inis (f.) hier: menschenleeres Gebiet   ◆ **(2)**
proprium alcuius rei wesentliches Merkmal einer Sache

prium virtutis existimant, expulsos agris finitimos cedere
neque quemquam prope se audere consistere;   (3) simul
hoc se fore tutiores arbitrantur, repentinae incursionis timore sublato.   (4) Cum bellum civitas aut illatum defen-
dit aut infert, magistratus, qui ei bello praesint et vitae necisque habeant potestatem, deliguntur.   (5) In pace nullus
est communis magistratus, sed principes regionum atque
pagorum inter suos ius dicunt controversiasque minuunt.
(6) Latrocinia nullam habent infamiam, quae extra fines
cuiusque civitatis fiunt, atque ea iuventutis exercendae ac
desidiae minuendae causa fieri praedicant.   (7) Atque ubi
quis ex principibus in concilio dixit se ducem fore, qui sequi velint, profiteantur, consurgunt ii, qui et causam et ho-
minem probant, suumque auxilium pollicentur atque a
multitudine collaudantur;   (8) qui ex his secuti non sunt,
in desertorum ac proditorum numero ducuntur omniumque his rerum postea fides derogatur.   (9) Hospitem vio-
lare fas non putant; qui quacumque de causa ad eos venerunt, ab iniuria prohibent sanctosque habent hisque omnium domus patent victusque communicatur.

---

expulsos ... consistere die AcI-Konstr. erklärt das vorausgehende *hoc* |
consistere hier: ~ *considere*   ◆ **(3) incursio, -onis** (f.) Angriff, Ein-
fall   ◆ **(4) nex** →V   ◆ **(5) pagus** →V   ◆ **(6) latrocinium** Raub-
zug | **infamia** übler Ruf, Schande | **desidia** Untätigkeit, Müßiggang |
praedicare rühmen, behaupten   ◆ **(7) qui sequi velint** der Rel.-Satz
ist Subj. zu *profiteantur* | **profiteri** hier: sich melden | **profiteantur** Auf-
forderung (›solle/sollten …‹) | **consurgere** ~ *surgere* | **collaudare** ~
valde laudare   ◆ **(8) desertor, -oris** (m.) hier: Feigling | **proditor**,
-oris (m.) Verräter | **in numero ducere** zählen zu | **fidem derogare** die
Glaubwürdigkeit absprechen   ◆ **(9) prohibere** *ab alqa re* hier: schüt-
zen vor etw. | **sanctum habere** als unverletzlich behandeln | **victus, -ūs**
(m.) hier: Nahrung | **communicare** hier: Anteil geben, gewähren

24 (1) Ac fuit antea tempus, cum Germanos Galli virtute superarent, ultro bella inferrent, propter hominum multitudinem agrique inopiam trans Rhenum colonias mitterent. (2) Itaque ea, quae fertilissima Germaniae sunt, loca circum Hercyniam silvam, quam Eratostheni et quibusdam Graecis fama notam esse video, quam illi Orcyniam appellant, Volcae Tectosages occupaverunt atque ibi consederunt; (3) quae gens ad hoc tempus his sedibus sese continet summamque habet iustitiae et bellicae laudis opinionem. (4) Nunc quoniam in eadem inopia, egestate patientiaque Germani permanent, eodem victu et cultu corporis utuntur, (5) Gallis autem provinciarum propinquitas et transmarinarum rerum notitia multa ad copiam atque usum largitur, (6) paulatim assuefacti superari multisque victi proeliis ne se quidem ipsi cum illis virtute comparant.

◆ **(24,1) ultro** sogar, von sich aus | **bellum inferre** Krieg anfangen | **colonia** hier: Siedler ◆ **(2) fertilis, -e** fruchtbar | **circum** hier: in der Nähe | **Hercynia silva** Hercynischer Wald (riesiges Waldgebiet von nicht genau bestimmbarer Größe und Ausdehnung; wohl vom heutigen Süddeutschland bis ins östliche Europa reichend) | **fama** hier: mündliche Kunde | **fama notam esse video** (Eratosthenes hatte wohl mündliche Kunde in seinem Werk verarbeitet.) | **video** (eine der wenigen Stellen, wo Caesar von sich in der 1. Pers. spricht) ◆ **(3) sese continere** *alqa re* sich beschränken auf etw., sich halten in etw. | **bellicus** kriegerisch | **laus, laudis** (f.) hier: Tüchtigkeit | **summam opinionem habere** im besten Ruf stehen ◆ **(4) egestas, -atis** (f.) Bedürftigkeit, Armut | **patientia** hier: entbehrungsreiches Leben | **victus, -ūs** (m.) hier: Nahrung ◆ **(5) provinciarum** ⟨*Romanarum*⟩ | **propinquitas, -atis** (f.) Nähe | **transmarinus** überseeisch | **notitia** Bekanntschaft, Kenntnis | **copia** hier: reicher Besitz | **largiri** (reichlich) bieten, gewähren ◆ **(6) paulatim** allmählich, nach und nach | **assuefacere** gewöhnen an

4.4 Merkwürdige Tiere in Germanien (VI 25–28)

25 (1) Huius Hercyniae silvae, quae supra demonstrata est, latitudo novem dierum iter expedito patet: non enim aliter finiri potest neque mensuras itinerum noverunt. (2) Oritur ab Helvetiorum et Nemetum et Rauracorum finibus rectaque fluminis Danubii regione pertinet ad fines Dacorum et Anartium. (3) Hinc se flectit sinistrorsus diversis a flumine regionibus multarumque gentium fines propter magnitudinem attingit. (4) Neque quisquam est huius Germaniae, qui se aut adisse ad initium eius silvae dicat, cum dierum iter LX processerit, aut, quo ex loco oriatur, acceperit; (5) multaque in ea genera ferarum nasci constat, quae reliquis in locis visa non sint, ex quibus, quae maxime differant a ceteris et memoriae prodenda videantur, haec sunt.

26 (1) Est bos cervi figura, cuius a media fronte inter

◆ **(25,1) Hercynia silva** → 24,2 | **demonstrare** → V | **latitudo** → V | **novem dierum iter** auf einen Weg von neun Tagen | **expedito** (Dat.) für einen (Menschen) ohne Gepäck | **mensura** Maßangabe; zu *mensuras* ist *alias* zu ergänzen (zuverlässigere Maßangaben wie z. B. Meilen oder Stadien waren also unbekannt) ◆ **(2) recta fluminis Danubii regione** in gerader Richtung mit der Donau ~ parallel zur Donau | **Daci** (Das Gebiet der Dacer entsprach in etwa dem heutigen Siebenbürgen.) | **Anartes** (Die Anarten siedelten am Tissus (Theiß) im heutigen Ungarn.) ◆ **(3) sinistrorsus** nach links | **diversis a flumine regionibus** in vom Fluss abgewandten Gebieten; erg. *pertinet* ◆ **(4) initium … quo ex loco oriatur** (meint wohl das östliche bzw. nordöstliche Ende des Waldes) | **LX** *sexaginta* | **accipere** ~ *audire* ◆ **(5) fera** (wildes) Tier | **quae … visa non sint … differant … videantur** Konj. wegen konsek. Sinnrichtung | **memoriae prodere** hier: erwähnen

◆ **(26,1) bos** (Es ist unklar, welches Tier gemeint ist; der Römer bezeichnete jedes größere, gehörnte, sich von Gras ernährende Tier mit gespaltenen Hufen als *bos*.)

aures unum cornu existit excelsius magisque derectum his, quae nobis nota sunt, cornibus; (2) ab eius summo sicut palmae ramique late diffunduntur. (3) Eadem est feminae marisque natura, eadem forma magnitudoque cornuum.

27 (1) Sunt item, quae appellantur alces. Harum est consimilis capris figura et varietas pellium, sed magnitudine paulo antecedunt mutilaeque sunt cornibus et crura sine nodis articulisque habent. (2) Neque quietis causa procumbunt neque, si quo afflictae casu conciderunt, erigere sese aut sublevare possunt. (3) His sunt arbores pro cubilibus; ad eas se applicant atque ita paulum modo reclinatae quietem capiunt. (4) Quarum ex vestigiis cum est animadversum a venatoribus, quo se recipere consuerint, omnes eo loco aut ab radicibus subruunt aut accidunt arbores, tantum ut summa species earum stantium relinquatur.

---

unum cornu (Entweder ist hier ein Mythos vom Einhorn verarbeitet oder Caesars Gewährsmann hatte ein Tier gesehen, bei dem der eine Teil des Geweihs fehlte, oder eine einzeln aufgefundene Elchschaufel führte zu dieser Phantasie.) | **excelsus** hoch | **derectus** gerade ◆ (2) **summum** oberster Teil, Spitze | **palma** Hand | **ramus** Zweig, Ast | **diffundi** hier: auseinandergehen | (Wie die Form des Geweihs zeigt, sind in den Bericht über das ›Einhorn‹ Züge des Elchs mit eingeflossen.) ◆ (3) **mas, maris** (m.) Männchen

◆ (27,1) **alces, -is** (f.) Elch | **consimilis, -e** ganz ähnlich | **capra** Ziege | **pellis, -is** (f.) Fell | **paulo** → V | **antecedere** übertreffen | **mutilus** abgestumpft | **cornibus** an den Hörnern | **crus, cruris** (n.) hier: Bein | **nodus** hier: Knöchel | **articulus** hier: Gelenk ◆ (2) **procumbere** sich hinlegen | **affligere** zu Boden stürzen, hinstürzen, umstürzen | **concidere** hier: hinfallen | **sublevare** hier: aufrichten ◆ (3) **cubile, -is** (n.) Lager(stätte) | **applicare** anlehnen | **reclinare** nach der Seite lehnen ◆ (4) **venator, -oris** (m.) Jäger | **consuerint** ~ **consueverint** | **radix, -icis** (f.) Wurzel | **subruere** untergraben | **accidere** anhauen, anschneiden | **summa** hier: insgesamt | **earum stantium** als ob sie fest stehen würden | **relinqui** hier: erhalten bleiben

(5) Huc cum se consuetudine reclinaverunt, infirmas arbores pondere affligunt atque una ipsae concidunt.

28 (1) Tertium est genus eorum, qui uri appellantur. Hi sunt magnitudine paulo infra elephantos, specie et colore et figura tauri.   (2) Magna vis eorum est et magna velocitas; neque homini neque ferae, quam conspexerunt, parcunt. Hos studiose foveis captos interficiunt.   (3) Hoc se labore durant adulescentes atque hoc genere venationis exercent; et qui plurimos ex his interfecerunt, relatis in publicum cornibus, quae sint testimonio, magnam ferunt laudem. (4) Sed assuescere ad homines et mansuefieri ne parvuli quidem excepti possunt.   (5) Amplitudo cornuum et figura et species multum a nostrorum boum cornibus differt.   (6) Haec studiose conquisita ab labris argento circumcludunt atque in amplissimis epulis pro poculis utuntur.

Caesar bricht die Expedition nach Germanien ab und kehrt unverrichteter Dinge nach Gallien zurück. Er lässt das Gebiet der Eburonen verwüsten und plündern. Anschließend untersucht er auf einem gallischen Landtag die Ursa-

---

◆ **(5) reclinare** → 27,3 | **affligere** → 27,2 | **concidere** → 27,2 (Wie schon beim Einhorn sind auch hier Merkmale verschiedener Tiere kombiniert bzw. verwechselt worden.)

◆ **(28,1) urus** Ur, Auerochse | **paulo** → V | **species** hier: äußere Erscheinung | **taurus** Stier   ◆ **(2) velocitas, -atis** (f.) Schnelligkeit | **fera** (wildes) Tier | **studiosus** eifrig | **fovea** Fallgrube | **interficiunt** erg. als Subj. *Germani*   ◆ **(3) durare** abhärten | **venatio, -onis** (f.) Jagd | **in publicum referre** öffentlich vorzeigen | **testimonio esse** (Dat. fin.) zum Beweis dienen   ◆ **(4) assuescere ad** gewöhnen an | **mansuefacere** zähmen | **parvulus** hier: ganz jung | **excipere** hier: fangen   ◆ **(5) amplitudo** ~ *magnitudo*   ◆ **(6) studiosus** → 28,2 | **conquirere** sammeln | **ab labris** hier: am Rand | **circumcludere** hier: einfassen | **epulae, -arum** (Gast-/Fest-)Mahl

chen des Aufstandes. Acco aus dem Stamm der Senonen, der Urheber des Aufstandes, wird hingerichtet.

Buch VII: Hatte sich Caesar schon immer mit vereinzelten gallischen Aufständen auseinandersetzen müssen, so kommt es im Jahr 52 zu einer Erhebung fast aller gallischen Stämme in einem ungeahnten Ausmaß.

5. Der gallische Freiheitskampf unter Vercingetorix (VII 1–4; 68–69,1)

1 (1) Quieta Gallia Caesar, ut constituerat, in Italiam ad conventus agendos proficiscitur. Ibi cognoscit de P. Clodii caede de senatusque consulto certior factus, ut omnes iuniores Italiae coniurarent, dilectum tota provincia habere instituit. (2) Eae res in Galliam Transalpinam celeriter perferuntur. Addunt ipsi et affingunt rumoribus Galli, quod res poscere videbatur: retineri urbano motu Caesarem ne-

◆ **(1,1) Italia** meint die Provinz *Gallia cisalpina* | **conventum agere** einen Gerichtstag abhalten | **cognoscere** hier: erfahren, hören | **senatus consultum** Senatsbeschluss (Damit wurde den Volkstribunen und dem Prokonsul Pompeius der Schutz des Staates übertragen; außerdem wurde Pompeius aufgefordert, in ganz Italien Truppen auszuheben.) | **ut …** **coniurarent** von *senatus consulto* abh. | **iuniores, -um** (m.) junge Mannschaft (Legionssoldaten zwischen dem 18. und 45. Lebensjahr) | **coniurare** (Für gewöhnlich schwor jeder neue Soldat einzeln den Fahneneid; während eines Notstandes, wie hier, konnte der vom Senat mit der Aushebung Beauftragte den Soldaten den Eid gemeinsam abnehmen.) | **dilectus, -ūs** (m.) Aushebung | **instituere** hier: beginnen, sich vornehmen | **dilectum … habere instituit** (Obwohl nur Pompeius durch Senatsbeschluss dazu aufgefordert war, ließ auch Caesar von sich aus Soldaten ausheben.) ◆ **(2) affingere** hinzudichten, hinzuerfinden | **rumoribus** Abl. | **quod res poscere videbatur** (gemeint ist, welche Folgen die Lage in Rom für Caesar haben werde) | **motus, -ūs** (m.) hier: Aufruhr, Unruhe

que in tantis dissensionibus ad exercitum venire posse.
(3) Hac impulsi occasione, qui iam ante se populi Romani
imperio subiectos dolerent, liberius atque audacius de bello consilia inire incipiunt.   (4) Indictis inter se principes
Galliae conciliis silvestribus ac remotis locis queruntur de
Acconis morte;   (5) hunc casum ad ipsos recidere posse
demonstrant; miserantur communem Galliae fortunam;
omnibus pollicitationibus ac praemiis deposcunt, qui belli
initium faciant et sui capitis periculo Galliam in libertatem
vindicent.   (6) Imprimis rationem esse habendam dicunt,
priusquam eorum clandestina consilia efferantur, ut Caesar ab exercitu intercludatur;   (7) id esse facile, quod neque legiones audeant absente imperatore ex hibernis egredi
neque imperator sine praesidio ad legiones pervenire possit;   (8) postremo in acie praestare interfici, quam non veterem belli gloriam libertatemque, quam a maioribus acce-
perint, recuperare.

2 (1) His rebus agitatis profitentur Carnutes se nullum
periculum communis salutis causa recusare principesque

---

dissensio, -onis (f.) Meinungsverschiedenheit, Uneinigkeit, Spaltung |
in tantis dissensionibus aufgrund so großer Meinungsverschieden-
heiten (Präp.-Ausdr. statt Kausalsatz)   ◆ **(3) qui … dolerent** Konj.
wegen kaus. Sinnrichtung (*qui* meint in erster Linie die *principes ci-
vitatum*)| **subiectos** ⟨*esse*⟩   ◆ **(4) indicere** hier: einberufen | **silves-
tris, -e** im Wald (befindlich) | **remotus** entlegen, abgelegen   ◆ **(5)
recidere** *ad alqm* zurückfallen auf jdn., jdn. ebenfalls treffen | **de-
monstrare** →V | **miserari** beklagen | **pollicitatio** →V | **deposcere**
dringend verlangen | **qui – faciant** Konj. wegen konsek. Sinnrich-
tung | **sui capitis periculo** trotz Gefahr für das eigene Leben | **in li-
bertatem vindicare** befreien   ◆ **(6) rationem habere, ut** darauf
achten, dass | **clandestinus** geheim | **intercludere** →V   ◆ **(7–8) id
… recuperare** or. obl. | **hiberna, -orum** Winterlager   ◆ **(8) praesta-
re** Inf. zu *praestat* (unpersönl.)

◆ **(2,1) recusare** hier: scheuen | **principes** prädik. zu *se*: als erste

ex omnibus bellum facturos
pollicentur; (2) et quoniam
in praesentia obsidibus cavere
inter se non possint, ne res efferatur, at iure iurando ac fide
sanciatur, petunt collatis mi-
litaribus signis, quo more
eorum gravissima caerimo-
nia continetur, ne facto initio
belli ab reliquis deserantur.
(3) Tum collaudatis Carnuti-
bus, dato iure iurando ab omnibus, qui aderant, tempore
eius rei constituto a concilio
disceditur.

3 (1) Ubi ea dies venit, Carnutes Cotuato et Conconne-
todumno ducibus desperatis

Vercingetorix (links neben ihm
ein gallischer Schild) auf einer
Münze um das Jahr 48 des L.
Hostilius Saserna. Dieser prägte
damals Münzen, auf denen er
Caesars Leistungen in Gallien
hervorhob. Zu dieser Zeit
wurde Vercingetorix in Rom
gefangen gehalten.

---

facturos ⟨*esse*⟩ ◆ **(2) in praesentia** zum jetzigen Zeitpunkt | **cavere**
alqa re Sicherheit, Bürgschaft leisten mit etw. | **at** hier: aber wenigstens |
ne res efferatur, at iure iurando ac fide sanciatur, petunt ..., ne im
Satz *at ... sanciatur* sind aus dem vorhergehenden ein finales *ut* sowie
als Subj. *res* zu ergänzen; der *efferatur*-Satz begründet die Aussage des
quoniam-Satzes, der *sanciatur*-Satz die des *petunt*-Hauptsatzes; der
zweite *ne*-Satz erläutert die mit *petunt* ausgesprochene Bitte: ›... damit
die Sache nicht auffliege, aber damit sie wenigstens (im Geheimen)
durch Schwur und Ehrenwort bestätigt werde, bitten sie darum ..., dass
nicht ...‹. Die Schwierigkeit liegt darin, dass *ne res efferatur* ein Nebensatz 2. Grades ist, dass man aber aus diesem die Subjunktion *ut* und das
Subj. *res* für den *at-sanciatur*-Satz ergänzen muss, der ein Nebensatz 1.
Grades ist. | **caerimonia** heilige Handlung, Zeremonie | **contineri** *alqa
re* beruhen auf etw., bestehen in etw. ◆ **(3) collaudare** ~ *valde laudare*
◆ **(3,1) Cotuatus, Conconnetodumnus** (Eigennamen vornehmer
Carnuten) | **desperatis hominibus** entweder Appos. zu *Cotuato et Con-
connetodumno ducibus* oder Dat.-Obj. zu *signo dato*

hominibus Cenabum signo dato concurrunt civesque Romanos, qui negotiandi causa ibi constiterant, in his C. Fufium Citam, honestum equitem Romanum, qui rei frumentariae iussu Caesaris praeerat, interficiunt bonaque eorum diripiunt.   (2) Celeriter ad omnes Galliae civitates fama perfertur. Nam ubicumque maior atque illustrior incidit res, clamore per agros regionesque significant; hinc alii deinceps excipiunt et proximis tradunt; ut tum accidit. (3) Nam, quae Cenabi oriente sole gesta essent, ante primam confectam vigiliam in finibus Arvernorum audita sunt, quod spatium est milium passuum circiter centum sexaginta.

4 (1) Simili ratione ibi Vercingetorix Celtilli filius, Arvernus, summae potentiae adulescens, cuius pater principatum totius Galliae obtinuerat et ob eam causam, quod regnum appetebat, a civitate erat interfectus, convocatis suis clientibus facile incendit.   (2) Cognito eius consilio ad arma concurritur. Prohibetur a Gobannitione patruo suo reliquisque principibus, qui hanc temptandam fortu-

---

Cenabum (Hauptstadt der Carnuten, heute Orléans) | **negotiari** Handelsgeschäfte treiben | **consistere** hier: sich niederlassen | **C. Fufius Cita** (röm. Eigenname) | **res frumentaria** →V | **iussu** auf Befehl | **diripere** plündern   ◆ (2) **ubicumque** wo nur immer | **incidit** ~ *accidit* | **significare** hier: (ein) Zeichen geben | **deinceps** nacheinander | **ut** so (rel. Satzanschl.)   ◆ (3) **quae … gesta essent** Konj. wegen konzess. Sinnrichtung | **prima vigilia** →Anh. S. 139 | **spatium** (zwischen *Cenabum* und *Gergovia*, einer bedeutenden Stadt der Arverner) | **mille passus** →V

◆ **(4,1) ratio** hier: ~ *modus* | **Vercingetorix, -igis, Celtillus** (kelt. Eigennamen) | **principatum obtinere** →V | **cliens** →V | **incendere** das Akk.-Obj. ist dem vorausgehenden Abl. abs. zu entnehmen   ◆ (2) **ad arma concurritur** (bezieht sich auf die Gegner des Vercingetorix) | **Gobannitio, -onis** (kelt. Eigenname) | **patruus** Onkel (der Bruder des Celtillus) | **temptandam** ⟨esse⟩ | **temptare** hier: auf die Probe stellen, herausfordern

nam non existimabant, expellitur ex oppido Gergovia.
(3) Non desistit tamen atque in agris habet dilectum egen-
tium ac perditorum. Hac coacta manu, quoscumque adit
ex civitate, ad suam sententiam perducit;   (4) hortatur, ut
communis libertatis causa arma capiant, magnisque coactis copiis adversarios suos, a quibus paulo ante erat eiectus,
expellit ex civitate. Rex ab suis appellatur.   (5) Dimittit
quoque versus legationes; obtestatur, ut in fide maneant.
(6) Celeriter sibi Senones, Parisios, Pictones, Cadurcos,
Turonos, Aulercos, Lemovices, Andes reliquosque omnes,
qui Oceanum attingunt, adiungit; omnium consensu ad
eum defertur imperium.   (7) Qua oblata potestate omnibus his civitatibus obsides imperat, certum numerum militum ad se celeriter adduci iubet,   (8) armorum quantum
quaeque civitas domi quodque ante tempus efficiat, constituit; imprimis equitatui studet.   (9) Summae diligentiae
summam imperii severitatem addit; magnitudine supplicii
dubitantes cogit.   (10) Nam maiore commisso delicto igni
atque omnibus tormentis necat, leviore de causa auribus

◆ (3) **dilectus, -ūs** (m.) Aushebung | **egentes ac perditi** notleidende
und heruntergekommene Menschen (›Habenichtse und Galgenstricke‹)
(*egentes* Menschen, denen es am Notigsten fehlt; *perditi* Menschen, die
eine bessere gesellschaftliche Stellung verloren haben) | **ad suam sen-**
tentiam perducere für seine Ansichten gewinnen   ◆ **(4) paulo** →V |
eicere hier: vertreiben   ◆ **(5) quoque versus** nach allen Seiten, Rich-
tungen (wörtl.: wohin auch immer gewandt) | **obtestari** beschwören |
in fide manere sein Ehrenwort halten (vgl. VII 2,2)   ◆ **(7) imperare**
alqd →V   ◆ **(8) quaeque** von *quisque* | **quod ante tempus** bis zu wel-
chem Zeitpunkt | **efficiat** aufbringen soll, bereitstellen soll | ordne: **con-**
stituit, quantum armorum   ◆ **(9) imperii** hier: in der Ausübung des
Oberbefehls | **severitas, -atis** (f.) Subst. zu *severus* | **magnitudo, -inis**
(f.) hier: Härte   ◆ **(10) committere** hier: sich zu schulden kommen
lassen | **tormentum** Folter, Marter

desectis aut singulis effossis oculis domum remittit, ut sint reliquis documento et magnitudine poenae perterreant alios.

Mit seinem so aufgestellten Heer bricht Vercingetorix zu den Biturigen auf, die sich ihm anschließen. Als Caesar von gallischen Plänen erfährt, in die römische Provinz einzufallen, trifft er militärische Gegenmaßnahmen zum Schutz der Provinz. Dann dringt er völlig überraschend unter größter Kraftanstrengung seiner Truppen über die tiefverschneiten Cevennen ins Gebiet der Arverner vor. Während Vercingetorix auf die Bitten seiner Stammesangehörigen hin nun von den Biturigen ins Arvernergebiet marschiert, zieht Caesar mit beispielloser Schnelligkeit seine Legionen zusammen. Der Plan, Caesar von seinen Legionen zu trennen, ist damit gescheitert. Vercingetorix sieht nach mehreren Niederlagen ein, dass er seine Strategie ändern muss: Die Römer sollen nun – vor allem durch die starke gallische Reiterei – am Nachschub gehindert werden. Zudem soll den Römern durch die »Taktik der verbrannten Erde« die Versorgung erschwert werden. Auch Städte, die von den Römern genutzt werden könnten, werden niedergebrannt.

Vercingetorix hält sich in Caesars Nähe auf und wendet erfolgreich die neue Strategie an. Caesar belagert etwa vier Wochen lang Avaricum. Durch einen Überraschungsangriff gelingt schließlich den Römern die Einnahme der Stadt. Die antirömischen Vorgänge in Cenabum, mit denen der Aufstand begonnen hatte, sowie die Strapazen der Belagerung lassen die Legionäre in einen Blutrausch verfallen. Von den 40 000 Einwohnern überleben nur wenige das Massaker.

---

desecare abschneiden | **effodere** ausstechen | **documento esse** (Dat. fin.) als warnendes Beispiel dienen | **magnitudo** → 4,9

Nach dem Fall von Avaricum gelingt es Vercingetorix, den Galliern wieder Mut zu machen. Trotz der Niederlagen wächst sein Ansehen. Mit allen Mitteln versucht er, auch die übrigen Stämme zur Teilnahme am Aufstand zu bewegen.

Nachdem Caesar Streitigkeiten bei den Haeduern geschlichtet hat, zieht er mit sechs Legionen nach Gergovia, während Labienus mit den übrigen vier in das Gebiet der Senonen und Parisier zieht.

Als es bei Gergovia zu keiner Entscheidung, nur zu kleineren Gefechten gekommen ist, hält Caesar es für besser, seine Legionen mit denen des Labienus im Gebiet der Haeduer zu vereinen. Denn bei diesen sind nun auch Bestrebungen im Gange, von den Römern abzufallen. Die Stadt Noviodunum, in die Caesar alle Geiseln, das Getreide, die Kasse sowie einen großen Teil des Gepäcks hatte bringen lassen, wird von aufständischen Haeduern eingenommen. Labienus gelingt es, sich mit seinen vier Legionen ohne große Verluste zu Caesar durchzuschlagen.

Auch bei den Haeduern bricht nun die offene Rebellion gegen die Römer aus. Dennoch erleidet die Reiterei – die Hauptwaffe der Gallier – erneut eine Niederlage.

68 (1) Fugato omni equitatu Vercingetorix copias suas, ut pro castris collocaverat, reduxit protinusque Alesiam, quod est oppidum Mandubiorum, iter facere coepit celeriterque impedimenta ex castris educi et se subsequi iussit.   (2) Caesar impedimentis in proximum collem deductis, duabus legionibus praesidio relictis secutus, quantum diei tempus est passum, circiter tribus milibus hostium ex

◆ **(68,1) fugare** in die Flucht schlagen | **protinus** unverzüglich

novissimo agmine interfectis altero die ad Alesiam castra fecit.   (3) Perspecto urbis situ perterritisque hostibus, quod equitatu, qua maxime parte exercitus confidebant, erant pulsi, adhortatus ad laborem milites circumvallare instituit.

69 (1) Ipsum erat oppidum Alesia in colle summo admodum edito loco, ut nisi obsidione expugnari non posse videretur.

6. Das Ende des gallischen Freiheitskampfes: Die Belagerung und Eroberung von Alesia (VII 71; 76–79; 88–89)

Die Gallier errichten am Ostabhang Graben und Mauer. Die Einschließungsanlagen der Römer erstrecken sich über zehn Meilen und enthalten mehrere Lager sowie 23 Kastelle. Ein Reitergefecht geht zu Gunsten der Römer aus; unter den vor der Stadt befindlichen Galliern verbreitet sich Panik; endlich ziehen sich die Römer zurück.

◆ **(2) novissimum agmen** → V │ Übers.-Vorschlag: die vier Part.-Konstr. *impedimentis ... deductis, duabus ... relictis, secutus* (dazu der Rel.-Satz *quantum ... passum*), *circiter ... interfectis* durch Punkt bzw. Strichpunkt voneinander abtrennen und als selbständige Sätze übers.   ◆ **(3) equitatu** (Abl. lim.) mit der Reiterei (~ bezügl. der Reiterei) │ **adhortari** ~ *cohortari* │ **circumvallare** einen Belagerungswall errichten │ **instituere** → V

◆ **(69,1) in colle summo** hoch oben auf einem Hügel │ **editus** hoch emporragend │ **admodum edito loco** (418 m über dem Meeresspiegel; der steil abfallende Hügel ragt 160 m aus der Ebene empor; die Hochfläche hat eine Ausdehnung von 700 m mal 2,5 km; heute Mont Auxois) │ **nisi ... non** nur │ **obsidio, -onis** (f.) Belagerung │ **expugnare** erobern

71 (1) Vercingetorix, priusquam munitiones ab Romanis perficiantur, consilium capit omnem ab se equitatum noctu dimittere.   (2) Discedentibus mandat, ut suam quisque eorum civitatem adeat omnesque, qui per aetatem arma ferre possint, ad bellum cogant.   (3) Sua in illos merita proponit obtestaturque, ut suae salutis rationem habeant neu se optime de communi libertate meritum hostibus in cruciatum dedant. Quodsi indiligentiores fuerint, milia hominum delecta octoginta una secum interitura demonstrat;   (4) ratione inita frumentum se exigue dierum XXX habere, sed paulo etiam longius tolerari posse parcendo.   (5) His datis mandatis, qua erat nostrum opus intermissum, secunda vigilia silentio equitatum dimittit.   (6) Frumentum omne ad se referri iubet, capitis poenam iis, qui non paruerint, constituit;   (7) pecus, cuius magna erat copia a Mandubiis compulsa, viritim distribuit, frumentum parce et paulatim metiri instituit.   (8) Copias omnes, quas pro oppido collocaverat, in oppidum recepit.   (9) His rationibus auxilia Galliae exspectare et bellum administrare parat.

◆ **(71,1) priusquam ... perficiantur** von *dimittere* abh. | **dimittere** hier: ausschicken   ◆ **(2) per aetatem** aufgrund ihres Lebensalters | **cogant** ~ *cogat* (Subj. ist *quisque*)   ◆ **(3) obtestari** beschwören, anflehen | **suae** ~ *Vercingetorigis* | **rationem habere** Sorge tragen für | **mereri** hier: sich verdient machen | **cruciatus, -ūs** (m.) Marter, Folter | **quodsi** wenn aber | **indiligens** nachlässig | **una secum** zusammen mit ihm | **interitura** ⟨*esse*⟩ | **demonstrare** →V   ◆ **(4) ratione ... parcendo** or. obl. | **rationem inire** eine Berechnung anstellen | **dierum XXX** zu *frumentum* | **XXX** *triginta* | **paulo** →V   ◆ **(5) mandatum** Auftrag | **qua** wo | **nostrum opus** (meint die römische Einschließungsanlage) | **secundā vigiliā** → Anh. S. 139 | **dimittere** → § 1   ◆ **(6) capitis poena** Todesstrafe   ◆ **(7) compellere** zusammentreiben | **viritim** jedem einzelnen | **distribuere** zuteilen, verteilen an | **parcus** sparsam, knapp | **paulatim** nach und nach | **instituere** hier: anordnen   ◆ **(9) ratio** hier: Maßnahme

Als Gegenmaßnahme lässt Caesar die Einschließungsan-
lagen beträchtlich verstärken sowie Verpflegung für 30 Tage
heranschaffen.

Eine Versammlung der gallischen Stammesführer be-
schließt – anders als Vercingetorix es angeordnet hatte –,
nicht alle Waffenfähigen einzuberufen, sondern von jedem
Stamm nur eine bestimmte Anzahl, so dass das Entsatzheer
eine Stärke von 270 000 Mann hat.

76 (1) Huius opera Commii, ut antea demonstravimus,
fideli atque utili superioribus annis erat usus in Britannia
Caesar; quibus ille pro meritis civitatem eius immunem
esse iusserat, iura legesque reddiderat atque ipsi Morinos
attribuerat.   (2) Tanta tamen universae Galliae consensio
fuit libertatis vindicandae et pristinae belli laudis recupe-
randae, ut neque beneficiis neque amicitiae memoria mo-
verentur omnesque et animo et opibus in id bellum
incumberent.   (3) Coactis equitum milibus VIII et pedi-
tum circiter CCL haec in Haeduorum finibus recense-

◆ **(76,1) opera** hier: Dienst, Hilfe | (Commius veranlasst nun die
Bellóvacer, ein Kontingent für das Entsatzheer zu stellen.) | ordne: **hu-**
ius Commii opera fideli atque utili | **ille** ~ *Caesar* | **eius** ~ *Commii* |
immunis, -e abgabenfrei | ⟨*civitati*⟩ **reddiderat** (Die Atrebaten waren
vorher wohl einem anderen Stamm unterworfen.) | **ipsi** ~ *Commio* |
attribuere hier: zuteilen, unterwerfen   ◆ **(2) universae Galliae** (Eine
Übertreibung; neben den VII 63,7 erwähnten Stämmen fehlten einige
belgische sowie sämtliche aquitanischen Völkerschaften.) | **consensio,**
-onis (f.) ~ *consensus* hier: Einigkeit | **libertatem vindicare** die Frei-
heit gewinnen | **pristinus** →V | **beneficiis … amicitiae memoria** erg.
Caesaris oder *populi Romani* | **incumbere in** *alqd* sich werfen auf etw.,
sich einer Sache widmen   ◆ **(3) equitum milibus VIII** (wohl die
Truppen, die nach Kampf und Desertion von den VII 64,1 und VII
71,1;5 erwähnten 15 000 Reitern übriggeblieben waren | **recensere**
mustern

bantur, numerusque inibatur, praefecti constituebantur.
(4) Commio Atrebati, Viridomaro et Eporedorigi Haeduis,
Vercassivellauno Arverno, consobrino Vercingetorigis,
summa imperii traditur. His delecti ex civitatibus attri-
buuntur, quorum consilio bellum administraretur.
(5) Omnes alacres et fiduciae pleni ad Alesiam proficiscuntur,　(6) neque erat omnium quisquam, qui aspectum
modo tantae multitudinis sustineri posse arbitraretur, praesertim ancipiti proelio, cum ex oppido eruptione pugna-
retur, foris tantae copiae equitatus peditatusque cernere-
tur.

77 (1) At ii, qui Alesiae obsidebantur, praeterita die, qua
auxilia suorum exspectaverant, consumpto omni frumento, inscii, quid in Haeduis gereretur, concilio coacto de ex-
itu suarum fortunarum consultabant;　(2) ac variis dictis
sententiis, quarum pars deditionem, pars, dum vires sup-
peterent, eruptionem censebat, non praetereunda videtur
oratio Critognati propter eius singularem ac nefariam cru-

---

numerum inire eine Zählung durchführen | **constituere** hier: einset-
zen　◆ **(4) Commius Atrebas** →76,1 | **Viridomarus** (kelt. Eigenna-
me) | **Vercassivellaunus** (kelt. Eigenname) | **consobrinus** Vetter | **sum-
ma imperii** Oberbefehl | **attribuere** zuteilen, beigeben　◆ **(5) alacer,
-cris, -cre** begeistert, entschlossen | **fiducia** Zuversicht | **ad** hier: in die
Gegend von　◆ **(6) aspectum modo** den bloßen Anblick | **arbitrare-
tur** hier: geglaubt hätte | **praesertim ancipiti proelio** besonders da der
Kampf nach zwei Seiten geführt werden würde | **cum** (explic.) wenn |
eruptio →V | **foris** (Adv.) außen | **equitatus peditatusque** Genitive,
die *copiae* genauer bestimmen | **peditatus** →V

◆ **(77,1) praeterita die** Abl. abs. | **consumpto omni frumento**
(Denn inzwischen sind 30 Tage, wahrsch. aber noch weit mehr vergan-
gen.) | **inscius** unwissend | **cogere** ~ *convocare* | **fortunae, -arum** hier:
Schicksal | **consultare** beratschlagen　◆ **(2) deditio** →V | **suppetere**
vorhanden sein, ausreichen | **eruptio** →V | **censere** *alqd* zu etw. raten |
Critognatus (kelt. Eigenname)

delitatem.   (3) Hic summo in Arvernis ortus loco et magnae habitus auctoritatis ›nihil‹ inquit ›de eorum sententia dicturus sum, qui turpissimam servitutem deditionis nomine appellant, neque hos habendos civium loco neque ad concilium adhibendos censeo.   (4) Cum his mihi res sit, qui eruptionem probant. Quorum in consilio omnium vestrum consensu pristinae residere virtutis memoria videtur; animi est ista mollitia, non virtus,   (5) paulisper inopiam ferre non posse. Qui se ultro morti offerant, facilius reperiuntur, quam qui dolorem patienter ferant.   (6) Atque ego hanc sententiam probarem – tantum apud me dignitas potest –, si nullam praeterquam vitae nostrae iacturam fieri viderem;   (7) sed in consilio capiendo omnem Galliam respiciamus, quam ad nostrum auxilium concitavimus: (8) Quid hominum milibus LXXX uno loco interfectis propinquis consanguineisque nostris animi fore existimatis, si paene in ipsis cadaveribus proelio decertare

◆ **(3) summo loco oriri** aus sehr vornehmer Familie stammen | **magnae auctoritatis haberi** als sehr angesehen/einflussreich gelten | **habendos** ⟨*esse*⟩ | *alqm* **habere** *alcuius* **loco** jdn. als etw. betrachten   ◆ **(4)** *alcui* **res cum** *alqo* **est** jd. hat es mit jdm. zu tun | **quorum** rel. Satzanschl. | **consilium** hier: Ratschlag | **consensu** nach … | **pristinus** → V | **residēre** (*resideo*) noch vorhanden sein | **animi est ista mollitia** im Dt. ›aber‹ erg. | **animi mollitia** Verweichlichung   ◆ **(5) paulisper** eine kurze Zeit hindurch (*paulisper … posse* ist sinnvoll nur auf *animi mollitia* zu beziehen; zu *non virtus* ist sinngemäß zu erg. *eruptionem facere*) | ⟨*ii,*⟩ **qui** | **ultro** ~ *sua sponte* | **qui … offerant … ferant** Konj. wegen konsek. Sinnrichtung | **patienter** geduldig, willig   ◆ **(6) tantum** hier: so sehr | *alqd* **potest apud** *alqm* etw. erfreut jdn. | **dignitas, -atis** (f.) hier: würdevolle Haltung (derjenigen, die für einen Ausfall sind) | **praeterquam** (Adv.) außer | **iactura** Verlust   ◆ **(7) respiciamus** ›sollten wir …‹   ◆ **(8) quid … animi fore existimatis** ›wie, glaubt ihr, wird zumute sein‹ | **LXXX** *octoginta* | **consanguineus** Blutsverwandter | **cadaver, -eris** (n.) Leiche | **proelio decertare** um die Entscheidung kämpfen

cogentur? (9) Nolite hos vestro auxilio exspoliare, qui ve-
strae salutis causa suum periculum neglexerunt, nec stulti-
tia ac temeritate vestra aut animi imbecillitate omnem Galliam prosternere et perpetuae servituti addicere. (10) An,
quod ad diem non venerunt, de eorum fide constantiaque
dubitatis? Quid ergo? Romanos in illis ulterioribus munitionibus animine causa cotidie exerceri putatis? (11) Si illorum nuntiis confirmari non potestis omni aditu prae-
saepto, his utimini testibus appropinquare eorum adventum; cuius rei timore exterriti diem noctemque in opere
versantur. (12) Quid ergo mei consilii est? Facere, quod
nostri maiores nequaquam pari bello Cimbrorum Teuto-
numque fecerunt: Qui in oppida compulsi ac simili inopia
subacti eorum corporibus, qui aetate ad bellum inutiles vi-
debantur, vitam toleraverunt neque se hostibus tradiderunt. (13) Cuius rei si exemplum non haberemus, tamen libertatis causa institui et posteris prodi pulcherrimum iudicarem. (14) Nam quid illi simile bello fuit?

◆ **(9) exspoliare** *alqa re* einer Sache (völlig) berauben | **stultitia** Dumm-
heit | **imbecillitas animi** Mutlosigkeit (wörtl.: Schwäche des Mutes) |
prosternere zugrunde richten | **addicere** preisgeben ◆ **(10) ad diem**
bis jetzt | **ulteriores munitiones** äußere Befestigungsanlagen (gegen ei-
nen Angriff von außen) | **animi causa** zum Vergnügen | **exercere** hier:
unaufhörlich beschäftigen ◆ **(11) illorum** meint das Entsatzheer |
confirmari hier: Gewissheit erlangen | **praesaepire** versperren | **his** ~
Romanis | **alqo teste uti** (mit AcI) jdn. zum Zeugen nehmen | **appro-
pinquare** nahe bevorstehen | **cuius rei** (rel. Satzanschl.) davor | **exterre-
re** ~ *perterrere* | **opus** (meint den Bau der äußeren Befestigungsanla-
ge) ◆ **(12) consilium** hier: Ratschlag | **facere** ⟨*id*⟩, **quod** | **ne-
quaquam par** keineswegs gleich | **qui** rel. Satzanschl. | **compellere** zu-
sammentreiben | **subigere** hier: plagen | **inutilis, -e** untauglich | **vitam
tolerare** sich am Leben erhalten ◆ **(13) instituere** hier: einführen |
pulcherrimum Präd.-Nomen zu *iudicarem*; davon abh. der AcI ⟨*exemplum*⟩ *institui … prodi* (›würde ich für das Schönste halten, dass …‹)

Depopulata Gallia Cimbri magnaque illata calamitate finibus quidem nostris aliquando excesserunt atque alias ter-
ras petierunt; iura, leges, agros, libertatem nobis relique-
runt.   (15) Romani vero quid petunt aliud aut quid volunt
nisi invidia adducti, quos fama nobiles potentesque bello
cognoverunt, horum in agris civitatibusque considere atque his aeternam iniungere servitutem? Neque enim umquam alia condicione bella gesserunt.   (16) Quodsi ea,
quae in longinquis nationibus geruntur, ignoratis, respicite
finitimam Galliam, quae in provinciam redacta, iure et legibus commutatis, securibus subiecta perpetua premitur
servitute.‹

78 (1) Sententiis dictis constituunt, ut ii, qui valetudine
aut aetate inutiles sint bello, oppido excedant atque omnia
prius experiantur, quam ad Critognati sententiam descen-
dant;   (2) illo tamen potius utendum consilio, si res cogat
atque auxilia morentur, quam aut deditionis aut pacis sub-
eundam condicionem.   (3) Mandubii, qui eos oppido re-
ceperant, cum liberis atque uxoribus exire coguntur.
(4) Hi cum ad munitiones Romanorum accessissent, flentes

◆ **(14) depopulari** verwüsten (PPP pass.) | **petierunt** ~ *petiver-
unt*   ◆ **(15) aliud … nisi** anderes … als | ordne: **nisi invidia adducti
horum … his …, quos** | **cognoscere** hier: mit doppeltem Akk. | **iniun-
gere** auferlegen   ◆ **(16) quodsi** wenn also | **longinquus** weit entfernt |
respicere hier: den Blick wenden auf | *alqd* **in** *alqd* **redigere** etw. zu etw.
machen | **securis, -is** (f.) Beil (Die in Rutenbündeln von Liktoren getra-
genen Beile symbolisierten die Vollstreckungsgewalt der röm. Beamten
und damit die röm. Herrschaft schlechthin).
◆ **(78,1) inutilis, -e** untauglich | **experiantur** Subj. nicht mehr *ii*,
sondern wieder dasselbe wie zu *constituunt* | **descendere ad** *alqd* hier:
sich einlassen auf etw.   ◆ **(2) illo … condicionem** or. obl. | **morari**
hier: sich verzögern, ausbleiben | **deditio** → V | **condicio, -onis** (f.) hier:
Angebot   ◆ **(3) eos** (meint das Heer des Vercingetorix)   ◆ **(4) flere**
weinen

omnibus precibus orabant, ut se in servitutem receptos cibo iuvarent.   (5) At Caesar dispositis in vallo custodiis recipi prohibebat.

79 (1) Interea Commius reliquique duces, quibus summa imperii permissa erat, cum omnibus copiis ad Alesiam perveniunt et colle exteriore occupato non longius mille passibus a nostris munitionibus considunt.   (2) Postero die equitatu ex castris educto omnem eam planitiem, quam in longitudinem milia passuum III patere demonstravimus, complent pedestresque copias paulum ab eo loco abditas in locis superioribus constituunt.   (3) Erat ex oppido Alesia despectus in campum. Concurritur his auxiliis visis; fit gratulatio inter eos atque omnium animi ad laetitiam excitantur.   (4) Itaque productis copiis ante oppidum considunt et proximam fossam cratibus integunt atque aggere explent seque ad eruptionem atque omnes casus comparant.

Nun beginnt eine gewaltige, sich – mit Unterbrechungen – über drei Tage erstreckende, mit größter Erbitterung geführte Schlacht. Beide Seiten wissen, dass es um alles geht. Doch das Kriegsglück wendet sich schließlich den Römern zu.

---

cibus Nahrung

◆ **(79,1) interea** (Mittlerweile war es wohl schon September.) | **summa imperii** Oberbefehl | **ad** hier: in die Nähe von   ◆ **(2) planities, -ei** (f.) Ebene | **quam ... patere demonstravimus** mit AcI verschr. Rel.-Satz | **longitudo** →V | **demonstravimus** (Caesar bezieht sich auf eine frühere Beschreibung des Geländes in VII 69.) | **abditus** entfernt   ◆ **(3) despectus, -ūs** (m.) Blick hinunter | **gratulatio, -onis** (f.) Beglückwünschung   ◆ **(4) proximam fossam** (Er war 20 Fuß breit, 8 bis 9 Fuß tief und hatte senkrechte Wände.) | **integere** bedecken | **agger, -eris** (m.) Erde | **eruptio** →V | **se comparare** sich bereit machen

88 (1) Eius adventu ex colore vestitus cognito, quo insigni in proeliis uti consuerat, turmisque equitum et cohortibus visis, quas se sequi iusserat, ut de locis superioribus haec declivia et devexa cernebantur, hostes proelium committunt.   (2) Utrimque clamore sublato excipit rursus ex vallo atque omnibus munitionibus clamor. Nostri omissis pilis gladiis rem gerunt;   (3) repente post tergum equitatus cernitur; cohortes aliae appropinquant; hostes terga vertunt; fugientibus equites occurrunt; fit magna caedes; Sedullus, dux et princeps Lemovicum, occiditur;   (4) Vercassivellaunus Arvernus vivus in fuga comprehenditur; signa militaria LXXIIII ad Caesarem referuntur; pauci ex tanto numero incolumes se in castra recipiunt.   (5) Conspicati ex oppido caedem et fugam suorum desperata salute copias a munitionibus reducunt.   (6) Fit protinus hac re audita ex castris Gallorum fuga. Quodnisi crebris subsidiis ac totius diei labore milites essent defessi, omnes hostium copiae deleri potuissent.   (7) De media nocte missus

---

◆ **(88,1) eius** ~ *Caesaris* | **vestitus, -ūs** (m.) Kleidung | **ex colore vestitus** (Caesar trug den purpurfarbenen Feldherrnmantel.) | **insigni** (prädik.) als Abzeichen (des Feldherrn) | **consuerat** ~ *consueverat* | **turma** Schwadron (→ Anh. S. 134) | **ut** hier: denn | **declive, -is** (n.) Abhang | **devexum** Senke, Senkung | **committere** hier: beginnen   ◆ **(2)** **utrimque** auf beiden Seiten | **excipere** hier: unmittelbar folgen | **omittere** hier: fallen lassen | **pilum** → V   ◆ **(3) appropinquare** anrücken | **terga vertere** sich zur Flucht wenden | **Sedullus** (kelt. Eigenname) | **dux et princeps** Führer im Krieg und im Frieden   ◆ **(4) Vercassivellaunus** (kelt. Eigenname) | **LXXIIII** *septuaginta quattuor*   ◆ **(5) conspicari** erblicken, wahrnehmen | **ex oppido** (nicht wortwörtlich zu nehmen, da die Belagerten zum größten Teil an den *munitiones* kämpften) | *oppidum* ~ Kessel   ◆ **(6) protinus** unverzüglich | **quodnisi** wenn aber nicht | **defessus** erschöpft   ◆ **(7) de media nocte** zu *consequitur* | **mittere** hier: ausschicken

equitatus novissimum agmen consequitur; magnus numerus capitur atque interficitur, reliqui ex fuga in civitates
discedunt.

89 (1) Postero die Vercingetorix concilio convocato id
bellum suscepisse se non suarum necessitatum,   (2) sed
communis libertatis causa demonstrat; et quoniam sit For-
tunae cedendum, ad utramque rem se illis offerre, seu
morte sua Romanis satisfacere seu vivum tradere velint.
Mittuntur de his rebus ad Caesarem legati.   (3) Iubet
arma tradi, principes produci;   (4) ipse in munitione pro
castris consedit; eo duces producuntur. Vercingetorix de-
ditur, arma proiciuntur.   (5) Reservatis Haeduis atque Arvernis, si per eos civitates recuperare posset, ex reliquis
captivis toti exercitui capita singula praedae nomine distribuit.

*Weitere Maßnahmen zur Regelung der Verhältnisse fol-
gen. Anschließend verteilt Caesar seine Truppen in Gallien.
Der Senat beschließt ihm ein Dankfest von 20 Tagen.*

---

novissimum agmen → V | **ex** hier: unmittelbar nach
◆ **(89,1) concilio convocato** (eine Versammlung der *principes*.) | **suae
necessitates** Befriedigung eigener Bedürfnisse   ◆ **(2) demonstrare**
→ V | **et … velint** or. obl. | **utraque res** beides (erläutert durch *seu …
seu*) | **satisfacere** Genugtuung geben   ◆ **(4) proicere** hinwerfen, nie-
derlegen   ◆ **(5) reservare** zurückbehalten | **si … posset** ob er viel-
leicht … könnte | **toti exercitui** jedem Soldaten des Heeres | **capita sin-
gula** je einen (Gefangenen) | **praedae nomine** als Beute | **distribuere**
zuteilen, verteilen an

Begleittexte

7. Caesars Abstammung (Sueton, *Divus Iulius* 6,1)

6 (1) Quaestor Iuliam amitam uxoremque Corneliam defunctas laudavit e more pro rostris. Sed in amitae quidem laudatione de eius ac patris sui utraque origine sic refert: ›Amitae meae Iuliae maternum genus ab regibus ortum, paternum cum diis immortalibus coniunctum est. Nam ab Anco Marcio sunt Marcii Reges, quo nomine fuit mater; a Venere Iulii, cuius gentis familia est nostra. Est ergo in genere et sanctitas regum, qui plurimum inter homines pollent, et caerimonia deorum, quorum ipsi in potestate sunt reges.‹

8. Große Entschlossenheit bereits in jungen Jahren (Velleius Paterculus, *Historia Romana* II 41,3; 42,2–3)

41 (3) Idem postea, admodum iuvenis, cum a piratis captus esset, ita se per omne spatium, quo ab his retentus est, apud eos gessit, ut pariter his terrori venerationique esset, neque umquam aut die aut nocte – cur enim, quod

---

◆ **(6,1) quaestor** prädik. (68 v. Chr.) | **amita** Tante | **defunctus** verstorben | **laudare** *alqm* hier: für jdn. die Leichenrede halten | **e more** nach der Sitte | **pro** hier: (vorn) auf | **laudatio, -onis** (f.) hier: Leichenrede | **eius** ~ *amitae* | **utraque origo** Abstammung väterlicher- und mütterlicherseits | **maternus, paternus** Adj. zu *mater, pater* | **diis** ~ *deis* | **Ancus Marcius** (Name des vierten mythischen Königs von Rom) | **Marcii Reges** die Familie der Marcii Reges (Die männl. Angehörigen hießen jeweils *Marcius Rex.*) | **quo nomine** Abl. qual. | **Venus, -eris** (f.) die (Liebes-)Göttin Venus | **Iulii** die Iulier | **cuius gentis** Gen. poss. | **sanctitas, -atis** (f.) Unantastbarkeit | **pollére** (*polleo*) vermögen | **caerimonia** Heiligkeit, Ehrwürdigkeit

◆ **(41,3) idem** ~ *Caesar* | **pariter** zugleich | **veneratio, -onis** (f.) Hochachtung | **terrori venerationique** Dat. fin. | ⟨*id,*⟩ **quod**

vel maximum est, si narrari verbis speciosis non potest,
omittatur? – aut excalcearetur aut discingeretur, in hoc
scilicet, ne, si quando aliquid ex solito variaret, suspectus
his, qui oculis tantummodo eum custodiebant, foret. [...]

42 (2) Quae nox eam diem secuta est, qua publica civita-
tium pecunia redemptus est, ita tamen, ut cogeret ante obsides a piratis civitatibus dari, contracta classe et privatus
et tumultuaria invectus in eum locum, in quo ipsi prae-
dones erant, partem classis fugavit, partem mersit, aliquot
naves multosque mortales cepit;   (3) laetusque nocturnae
expeditionis triumpho ad suos reversus est, mandatisque
custodiae quos ceperat, in Bithyniam perrexit ad procon-
sulem Iuncum – idem enim Asiam eamque obtinebat – pe-
tens, ut auctor fieret sumendi de captivis supplicii: Quod
cum ille se facturum negasset venditurumque captivos dixisset – quippe sequebatur invidia inertiam –, incredibili

---

speciosus großartig | **omittere** hier: übergehen | **omittatur** Deliberativ |
excalceari sich die Schuhe ausziehen | **discingi** sich aufgürten | **in hoc**
zu dem Zweck | **quando** ~ *aliquando* | *alqd* **ex solito variare** etw. ande-
res als gewöhnlich tun | **suspectus** verdächtig | **custodire** bewachen |
foret ~ *esset*

◆ **(42,2) quae nox ... secuta est, ... fugavit** in der Nacht, die ...
folgte, ... schlug er in die Flucht | **redimere** freikaufen | **cogere** *alqm*
(mit AcI) jdn. dazu bringen/nötigen (*cogeret* ergänze *piratas*) | **contra-
here** zusammenziehen, sammeln | **privatus** (prädik.) als Privatmann |
tumultuarius in aller Eile aufgestellt | **invehi** hinfahren | **praedo, -onis**
(m.) (See-)Räuber | **fugare** in die Flucht schlagen | **mergere** versenken |
aliquot (indekl.) einige ◆ **(3) expeditio, -onis** (f.) Unternehmung |
reversus est ~ *revertit* | **mandatis** ⟨*iis*⟩ Abl. abs. | **Bithynia** (Landschaft
am Schwarzen Meer; seit 74 v. Chr. röm. Provinz) | **proconsul** Statthal-
ter (der als ehemaliger Konsul eine Provinz verwaltete) | **Iuncus** (röm.
Eigenname) | **supplicium sumere de** *alqo* die Todesstrafe an jdm. voll-
strecken | **quod** rel. Satzanschl. | **facturum** ⟨*esse*⟩ ... **venditurum** ⟨*esse*⟩ |
negisset ~ *negavisset* | **quippe** denn | **inertia** Untätigkeit

celeritate revectus ad mare, priusquam de ea re ulli proconsulis redderentur epistulae, omnes, quos ceperat, suffixit cruci.

9. Caesars Vorbild: Alexander der Große
   (Sueton, *Divus Iulius* 7,1–2)

7 (1) Quaestori ulterior Hispania obvenit; ubi cum mandatu praetoris iure dicundo conventus circumiret Gadisque venisset, animadversa apud Herculis templum Magni
Alexandri imagine ingemuit et quasi pertaesus ignaviam
suam, quod nihil dum a se memorabile actum esset in
aetate, qua iam Alexander orbem terrarum subegisset,
missionem continuo efflagitavit ad captandas quam primum maiorum rerum occasiones in urbe.   (2) Etiam confusum eum somnio proximae noctis – nam visus erat per
quietem stuprum matri intulisse – coiectores ad amplis-

---

revehi zurückkehren | **reddere** hier: zustellen, übergeben | **suffigere
cruci** ans Kreuz schlagen
◆ **(7,1) quaestori** prädik. (68 v.Chr.) | **ulterior Hispania** (röm.
Provinz im südwestlichen Spanien) | **obvenire** zufallen | **ubi** ~ *ibi* |
mandatu im Auftrag | **praetor** hier: Statthalter | **dicundo** ~ *dicendo* |
conventus, -ūs (m.) Gerichtsbezirk | **circumire** (ringsum) bereisen |
Gades, -ium (f.) (Insel und Stadt im Süden Spaniens, heute Cádiz) |
animadversa … imagine Abl. abs. | **ingemiscere** aufseufzen | *alqd* **per-
taesus** einer Sache überdrüssig, müde | **ignavia** Trägheit, Tatenlosigkeit | **nihil dum** noch nichts | **memorabilis, -e** erwähnenswert, denkwürdig | **subigere** unterwerfen | **missio, -onis** (f.) Entlassung | **conti-
nuo** unverzüglich, sofort | **efflagitare** dringend fordern | **captare**
(eifrig) greifen nach, zu erlangen suchen | **quam primum** möglichst
bald   ◆ **(2) confundere** verwirren | **videtur** (mit NcI) es scheint, als
ob | **per quietem** im Schlaf | **stuprum inferre** *alicui* jdm. beiwohnen |
coiector, -oris (m.) Traumdeuter

simam spem incitaverunt arbitrium terrarum orbis por-
tendi interpretantes, quando mater, quam subiectam sibi
vidisset, non alia esset quam terra, quae omnium parens
haberetur.

10. Caesars Freigebigkeit (Sueton, *Divus Iulius* 10,1)

10 (1) Aedilis praeter comitium ac forum basilicasque
etiam Capitolium ornavit porticibus ad tempus exstructis,
in quibus abundante rerum copia pars apparatus expone-
retur. Venationes autem ludosque et cum collega et separatim edidit, quo factum est, ut communium quoque impen-
sarum solus gratiam caperet nec dissimularet collega eius
Marcus Bibulus evenisse sibi, quod Polluci: ut enim gemi-
nis fratribus aedes in foro constituta tantum Castoris voca-

---

arbitrium … ⟨*ei*⟩ portendi AcI abh. von *interpretantes* | **arbitrium** hier:
unbeschränkte Herrschaft | **portendere** ankündigen, prophezeien |
quando hier: weil ja | **subiectus** *alcui* unter jdm. liegend | **parens** ~ *mater*
◆ **(10,1) aedilis** prädik. (65 v. Chr.) | **comitium** das Comitium (Platz
für die Volksversammlungen zwischen Forum und Curia) | **basilica** Ba-
silica (große Halle für Handelsgeschäfte und Gerichtssitzungen) | **por-
ticus, -ūs** (f.) Säulenhalle | **ad tempus** vorübergehend | **exstruere** er-
bauen | **in quibus … exponeretur** Konj. wegen fin. Sinnrichtung | **ab-
undante … copia** Abl. abs. mit kaus. Sinnrichtung | **apparatus, -ūs**
(m.) hier: prächtige Gegenstände (wohl für die Durchführung der Spie-
le) | **venatio, -onis** (f.) Kampf mit wilden Tieren | **separatim** für sich,
ohne ihn (~ ohne den Kollegen) | **edere** hier: veranstalten | **impensae,
-arum** Aufwand | **communium impensarum** Gen. obi. zu *gratiam* |
gratiam capere Dank ernten | **dissimulare** ~ *negare* | **Marcus** ⟨*Calpur-
nius*⟩ **Bibulus** (Caesars Kollege als Ädil, Prätor und Konsul) | **Pollux,
-ucis** (m.) (Bruder des Castor, Söhne des Zeus und der Leda) | **quod
Polluci** ⟨*evenisset*⟩ | **ut … dici** or. obl. | **gemini fratres** Zwillingsbrüder |
aedes ~ *aedis* | **constituere** hier: errichten | **tantum** ⟨*aedes*⟩ **Castoris**

retur, ita suam Caesarisque munificentiam unius Caesaris dici.

11. Wahl zum Konsul und (sogenannter) erster Triumvirat (Sueton, *Divus Iulius* 19,2)

19 (2) Igitur cum Bibulo consul creatur. Eandem ob causam opera ab optimatibus data est, ut provinciae futuris consulibus minimi negotii, id est silvae callesque, decernerentur. Qua maxime iniuria instinctus omnibus officiis Gnaeum Pompeium assectatus est offensum patribus, quod Mithridate rege victo cunctantius confirmarentur acta sua; Pompeioque Marcum Crassum reconciliavit, veterem inimicum ex consulatu, quem summa discordia simul

Caesar-Bildnis (Neapel) aus dem 2. Jh. n. Chr.

munificentia Freigebigkeit

◆ **(19,2) operam dare** sich Mühe geben | **optimates, -ium** (m.) die Optimaten (Gegner der Popularen) | **futuris consulibus** (Caesar und Bibulus, Konsuln 59 v. Chr., wurden im Jahr 60 gewählt; in diesem Jahr wurden ihnen auch die Provinzen zugewiesen, die sie nach dem Konsulat verwalten sollten.) | **negotium** hier: Aufgaben | **callis, -is** (m.) Gebirgstrift, Viehweide | **instinguere** antreiben | **officium** hier: Gefälligkeit | **assectari** sich anschließen an | **offensus** *alcui* aufgebracht über jdn. | **cunctans** zögernd, langsam | **acta, -orum** Verfügungen, Verordnungen (die Pompeius bei der Eroberung des östl. Mittelmeergebiets getroffen hatte) | **reconciliare** *alqm alcui* jdn. mit jdm. versöhnen

gesserant; ac societatem cum utroque iniit, ne quid agere-
tur in re publica, quod displicuisset ulli e tribus.

12. Erster Triumvirat (Velleius Paterculus, *Historia Romana* II 44,1–3)

44 (1) Hoc igitur consule inter eum et Cn. Pompeium et
M. Crassum inita potentiae societas, quae urbi orbique terrarum nec minus diverso quoque tempore ipsis exitiabilis
fuit.   (2) Hoc consilium sequendi Pompeius causam habuerat, ut tandem acta in transmarinis provinciis, quibus,
ut praediximus, multi obtrectabant, per Caesarem confirmarentur consulem, Caesar autem, quod animadvertebat
se cedendo Pompei gloriae aucturum suam et invidia communis potentiae in illum relegata confirmaturum vires

---

⟨*ali*⟩**quid** | **displicere** missfallen | **ac societatem … e tribus** (Der soge-
nannte Erste Triumvirat war keine offizielle staatsrechtliche Einrich-
tung, sondern eine private Absprache zur Durchsetzung politischer
Ziele, die jeweils verschieden waren.)
◆ **(44,1) hōc** ~ *Caesare* | **hoc consule … inita potentiae societas**
(I. J. 60 beim Abschluss des Ersten Triumvirats war Caesar bereits zum
Konsul gewählt.) | **diverso quoque tempore** zu jeweils anderer Zeit |
exitiabilis, -e zum Untergang führend   ◆ **(2) hoc consilium** Akk.-
Obj. zu *sequendi* | **consilium** ~ *societas* | **acta, -orum** Verfügungen, Ver-
ordnungen (die Pompeius bei der Eroberung des östlichen Mittelmeer-
gebiets getroffen hatte) | **transmarinus** überseeisch (meint hier das öst-
liche Mittelmeergebiet) | **praedicere** vorher erwähnen | **ut praediximus**
→ Text 11 | **obtrectare** *alcui rei* gegen etw. arbeiten, sich sperren gegen
etw. | **confirmare** hier: bestätigen | **consulem** prädik. | **cedere** hier: Zu-
geständnisse machen | **aucturum** ⟨*esse*⟩ … **confirmaturum** ⟨*esse*⟩ | **invi-
dia … relegata** Abl. abs. | **communis potentia** ~ *triumviratus* | **com-
munis potentiae** Gen. obi. zu *invidia* | **relegare** *alqd* in *alqm* etw. auf
jdn. ablenken

Suntein, »Divus Iulius« 20,1–2   91

suas, Crassus, ut, quem principatum solus assequi non poterat, auctoritate Pompei, viribus teneret Caesaris.   (3) Af-
finitas etiam inter Caesarem Pompeiumque contracta nup-
tiis, quippe filiam C. Caesaris Cn. Magnus duxit uxorem.

13. Caesars »Kollegialität« als Konsul
(Sueton, *Divus Iulius* 20,1–2)

20 (1) Lege autem agraria promulgata obnuntiantem
collegam armis foro expulit ac postero die in senatu con-
questum nec quoquam reperto, qui super tali consternati-
one referre aut censere aliquid auderet, qualia multa saepe
in levioribus turbis decreta erant, in eam coegit desperatio-
nem, ut, quoad potestate abiret, domo abditus nihil aliud
quam per edicta obnuntiaret.   (2) Unus ex eo tempore

---

ut, quem principatum solus assequi non poterat *ut ⟨eum⟩ principatum, quem solus assequi non poterat* | **vires, -ium** (f.) hier: Mittel | **tenere** hier: ~ *assequi*   ◆ **(3) affinitas, -atis** (f.) Verwandtschaft, verwandt-
schaftliche Beziehung | **contrahere** hier: zustandebringen, herbeifüh-
ren, knüpfen | **contracta** ⟨*est*⟩ | **nuptiae, -arum** Hochzeit, Heirat |
quippe denn | **Cn. Magnus** ~ *Pompeius* | **uxorem ducere** heiraten
  ◆ **(20,1) legem promulgare** einen Gesetzesvorschlag zur allgemei-
nen Kenntnis bringen | **lex agraria** (Dieses Ackergesetz sollte die Land-
zuweisungen an die Veteranen des Pompeius sowie an Proletarier re-
geln.) | **obnuntiare** Einspruch einlegen (durch Meldung ungünstiger
Vorzeichen) | **expulit … coegit** ⟨*Caesar*⟩ | **conqueri** Beschwerde erhe-
ben | **conquestum nec quoquam reperto, qui** ›als er [Caesars Kollege
Bibulus] Beschwerde erhob und sich keiner fand, der‹ | **consternatio,
-onis** (f.) Aufruhr | **referre** hier: einen Antrag stellen | **censere** *alqd*
hier: eine Meinungsäußerung abgeben, zu etw. raten | **qualia multa** was
vielfach | **turbae, -arum** Unruhe, Unordnung | **in desperationem coge-
re** in Verzweiflung treiben | **quoad** bis | **abire** *alqa re* etw. niederlegen |
abditus verborgen   ◆ **(2) ex eo tempore** seitdem

omnia in re publica et ad arbitrium administravit, ut nonnulli urbanorum, cum quid per iocum testandi gratia signarent, non Caesare et Bibulo, sed Iulio et Caesare consulibus actum scriberent bis eundem praeponentes nomine atque cognomine utque vulgo mox ferrentur hi versus:

Non Bibulo quiddam nuper, sed Caesare factum est:
   Nam Bibulo fieri consule nil memini.

14. Bilanz des gallischen Krieges
   (Velleius Paterculus, *Historia Romana* II 47,1)

47 (1) Per haec insequentiaque et quae praediximus tempora, amplius CCCC milia hostium a C. Caesare caesa sunt, plura capta; pugnatum saepe derecta acie, saepe in agminibus, saepe eruptionibus, bis penetrata Britannia, novem denique aestatibus vix ulla non iustissimus triumphus emeritus. Circa Alesiam vero tantae res gestae,

---

ad arbitrium nach eigenem Ermessen | ⟨*ali*⟩**quid** | **per iocum** im Scherz | **testari** *alqd* etw. beglaubigen, fest versichern | **signare** unterzeichnen | **Caesare et Bibulo consulibus** (Konsulate wurden als Datumsangabe benutzt.) | ordne: **scriberent** ⟨*id*⟩ **non ..., sed ... actum** ⟨*esse*⟩ | **praeponere** voranstellen | **utque ~ *et ut*** | **mox** bald | **ferri** im Umlauf sein

◆ **(47,1) per ... tempora** (Angabe der Gegenwart, der Zukunft und der Vergangenheit) | **praedicere** vorher erwähnen | **et quae ... tempora ~ *et ⟨ea⟩ tempora, quae*** | **amplius** mehr als | CCCC *quadringenta* | **pugnatum** ⟨*est*⟩ **... penetrata** ⟨*est*⟩ **... emeritus** ⟨*est*⟩ | **derecta acies** reguläre Schlacht | **in agminibus** auf dem Marsch | **eruptio** →V | **penetrare** *alqd* in etw. eindringen | **aestas, -atis** (f.) hier: Feldzugskampagne (Feldzüge wurden nur im Sommer durchgeführt.) | **vix ulla** ⟨*aestate*⟩ | **emerere** verdienen | **gestae** ⟨*sunt*⟩

quantas audere vix hominis, perficere paene nullius nisi
dei fuerit.

15. Ausrufung des Staatsnotstandes durch den Senat am 7. Januar 49
(Caesar, *De bello civili* I 5,3–5)

5 (3) Decurritur ad illud extremum atque ultimum senatus consultum, quo nisi paene in ipso urbis incendio atque in desperatione omnium salutis latorum audacia num-
quam ante descensum est: Dent operam consules, prae-
tores, tribuni plebis quique pro consulibus sunt ad urbem,
ne quid res publica detrimenti capiat.   (4) Haec senatus
consulto perscribuntur a. d. VII. Id. Ian. itaque V primis
diebus, quibus haberi senatus potuit, qua ex die consula-

---

hominis ... nullius ... dei Gen. poss. | **hominis est** hier: es liegt in der
Macht eines Menschen | **nullius nisi** nur | **fuerit** Konj. wegen konsek.
Sinnrichtung bzw. Potentialis
◆ **(5,3) decurrere ad** *alqd* hier: zu etw. schreiten | **consultum** Be-
schluss | **quo ... descensum est** auf den ... man sich einließ, zu dem ...
man griff | **nisi** außer | **incendium** (metaphorisch verwendet) | **despe-
ratio, -onis** (f.) Verzweiflung | **omnium** Gen. subi. zu *desperatione* | **sa-
lutis** Gen. obi. zu *desperatione* | **lator, -ris** (m.) Antragsteller (eines Ge-
setzes) | **audacia** hier: Rücksichtslosigkeit, Vermessenheit | **latorum
audaciā** (auf den gesamten Ausdruck *in ipso ... salutis* zu beziehen)
aufgrund der Rücksichtslosigkeit der Antragsteller (gemeint sind Leute,
die mit rücksichtslosen, vermessenen Anträgen den Staat durcheinan-
dergebracht haben wie z. B. die Gracchen) | **quique** ~ *et ⟨ii,⟩ qui* | **pro
consulibus** als Prokonsuln | **ne** ⟨*ali*⟩**quid** | ⟨*ali*⟩**quid detrimenti capere**
(irgend)einen Schaden erleiden ◆ **(4) perscribere** zu Protokoll neh-
men | **a. d. VII. Id. Ian.** *ante diem septimum Idus Ianuarias* ~ 7. Januar |
itaque und so | **senatum habere** eine Senatssitzung abhalten | **qua ex
die** seitdem

tum iniit Lentulus, biduo excepto comitiali et de imperio Caesaris et de amplissimis viris, tribunis plebis, gravissime acerbissimeque decernitur.   (5) Profugiunt statim ex urbe tribuni plebis seseque ad Caesarem conferunt. Is eo tempore erat Ravennae exspectabatque suis lenissimis postulatis responsa, si qua hominum aequitate res ad otium deduci posset.

16. Caesars mögliche Beweggründe zum Bürgerkrieg (Sueton, *Divus Iulius* 30,1–5)

30 (1) Transiit in citeriorem Galliam conventibusque peractis Ravennae substitit, bello vindicaturus, si quid de tribunis plebis intercedentibus pro se gravius a senatu constitutum esset.   (2) Et praetextum quidem illi civilium armorum hoc fuit; causas autem alias fuisse opinantur. Gnaeus Pompeius ita dictitabat, quod neque opera con-

---

inire hier: antreten | **biduo excepto comitiali** ausgenommen die beiden Tage für die Volksversammlungen | **et … et** sowohl … als auch | **imperium** hier: Amtsgewalt (als Statthalter) | **acerbus** hier: hart, rücksichtslos   ◆ **(5) profugere** ~ *fugere* | **sese** ~ *se* | **se conferre** sich begeben | **Ravenna** (in der Provinz *Gallia cisalpina* gelegene Stadt) | **responsum** *alcui rei* Antwort auf etw. | **si qua** ob nicht irgendwie | **aequitas, -atis** (f.) hier: Rechts-, Gerechtigkeitsempfinden (gemeint ist, man solle Caesars Forderungen als berechtigt anerkennen)

◆ **(30,1) citerior Gallia** ~ *Gallia cisalpina* | **conventus peragere** Gerichtstage abhalten | **subsistere** bleiben | **bello vindicare** mit Waffen einschreiten | **intercedere pro** *alqo* für jdn. Einspruch einlegen   ◆ **(2) praetextum** Vorwand | **civilia arma, -orum** Bürgerkrieg | **opinantur** (unpers. zu übers.) ›man …‹ | **dictitare** oft sagen | **Gnaeus … voluisse** ordne: *dictitabat ⟨Caesarem⟩ omnia turbare ac permiscere voluisse, quod … consummare … explere posset* | **opus, -eris** (n.) hier: (Bau-)Werk

summare, quae instituerat, neque populi exspectationem,
quam de adventu suo fecerat, privatis opibus explere posset, turbare omnia ac permiscere voluisse. (3) Alii ti-
muisse dicunt, ne eorum, quae primo consulatu adversus
auspicia legesque et intercessiones gessisset, rationem red-
dere cogeretur, cum M. Cato identidem nec sine iure iurando denuntiaret delaturum se nomen eius, simul ac primum exercitum dimisisset, cumque vulgo fore praedica-
rent, ut, si privatus redisset, Milonis exemplo circumpositis
armatis causam apud iudices diceret. (4) Quod probabi-
lius facit Asinius Pollio, Pharsalica acie caesos profligatos-
que adversarios prospicientem haec eum ad verbum dixisse referens: ›Hoc voluerunt; tantis rebus gestis Gaius
Caesar condemnatus essem, nisi ab exercitu auxilium pe-
tissem.‹ (5) Quidam putant captum imperii consuetudine pensitatisque suis et inimicorum viribus usum occasi-

---

instituere hier: unternehmen, beginnen | **exspectationem facere** Er-
wartung wecken | **de** hier: bezüglich | **permiscere** ~ *miscere*   ◆ **(3) alii**
⟨*eum*⟩ **timuisse dicunt** | **adversus** (mit Akk.) gegen | **intercessio, -onis**
(f.) Einspruch (eines Beamten) | **identidem** zu wiederholten Malen | **ius
iurandum, iuris iurandi** Schwur | **denuntiare** (drohend) ankündigen |
delaturum ⟨*esse*⟩ | **nomen deferre** *alicutus* jdn. anklagen | **simul ac pri-
mum** sobald erst einmal | **vulgo** öffentlich | **fore** ~ *futurum esse* (›es
werde dahin kommen‹) | **praedicare** verkünden | **praedicarent** als Subj.
zu erg.: Caesars Gegner | **privatus** prädik. | **circumponere** ringsum auf-
stellen | **circumpositis armatis** (Beim Prozess gegen Milo waren aus-
nahmsweise auf dem Forum um die Gerichtsstätte Soldaten aufgestellt
worden, um einen ordnungsgemäßen Ablauf zu gewährleisten.) | **cau-
sam dicere apud iudices** sich vor Gericht verteidigen   ◆ **(4) Pharsali-
ca acies** die Schlacht bei Pharsalos (Sieg Caesars über Pompeius i. J. 48) |
profligare niederstrecken | **prospicere** vor sich erblicken | **ad verbum**
wörtlich | ordne: **Asinius Pollio referens eum prospicientem Pharsalica
… adversarios ad verbum dixisse haec** | **petissem** ~ *petivissem*   ◆ **(5)**
captus imperii consuetudine beherrscht von der Gewohnheit des mili-
tärischen Befehlens | **pensitare** überdenken | ⟨*eum*⟩ **usum** ⟨*esse*⟩

one rapiendae dominationis, quam aetate prima concupisset. Quod existimasse videbatur et Cicero scribens de officiis tertio libro semper Caesarem in ore habuisse Euripidis versus, quos sic ipse convertit:

> Nam si violandum est ius, regnandi gratia
> violandum est: Aliis rebus pietatem colas.

17. Die Überschreitung des Rubikon – der Beginn des Bürgerkriegs (Sueton, *Divus Iulius* 31,2–33)

31 (2) [...] Consecutusque cohortis ad Rubiconem flumen, qui provinciae eius finis erat, paulum constitit; ac reputans, quantum moliretur, conversus ad proximos: ›Etiam nunc‹, inquit, ›regredi possumus; quodsi ponticulum transierimus, omnia armis agenda erunt.‹
32 Cunctanti ostentum tale factum est. Quidam eximia magnitudine et forma in proximo sedens repente apparuit harundine canens; ad quem audiendum cum praeter pa-

---

aetas prima frühe Jugend | **concupisset** ~ *concupivisset* | **concupiscere** sehnlichst wünschen | **de officiis** (Titel eines Werkes Ciceros, nach Caesars Ermordung geschrieben) | **tertio libro** *De Officiis* III 82 | **Euripides, -is** (m.) (griech. Tragödiendichter, um 485 – 406) | **Euripidis versus** (*Phoenissae* 524 f.) | **ipse** ~ *Cicero* | **convertere** hier: übersetzen | **aliis rebus pietatem colas** (Cicero schwächt in seiner Übersetzung – zu Caesars Ungunsten – die Aussage des griech. Originals deutlich ab.)

◆ **(31,2) cohortis** ~ *cohortes* | **reputare** bedenken | **moliri** ins Werk setzen, unternehmen | **regredi** zurückgehen | **quodsi** wenn aber | **ponticulus** kleine Brücke

◆ **(32) ostentum** Wunderzeichen | **quidam** hier: eine Gestalt | **eximius** außerordentlich | **in proximo** ganz nahe | **harundo, -inis** (f.) Rohrflöte | **quem** rel. Satzanschl. | **pastor, -oris** (m.) Hirte

stores plurimi etiam ex stationibus milites concurrissent interque eos et aeneatores, rapta ab uno tuba prosiliuit ad flumen et ingenti spiritu classicum exorsus pertendit ad alteram ripam. Tunc Caesar: ›Eatur‹, inquit, ›quo deorum ostenta et inimicorum iniquitas vocat. Iacta alea est‹, inquit.

33 Atque ita traiecto exercitu, adhibitis tribunis plebis, qui pulsi supervenerant, pro contione fidem militum flens ac veste a pectore discissa invocavit.

18. Erscheinung der personifizierten Patria am Rubikon (Lukan, *De bello civili* I 183–194)

Iam gelidas Caesar cursu superaverat Alpes
ingentisque animo motus bellumque futurum
ceperat. Ut ventum est parvi Rubiconis ad undas,   185
ingens visa duci patriae trepidantis imago
clara per obscuram vultu maestissima noctem

---

statio, -onis (f.) Posten | **et ~ *etiam*** | **aeneator, -oris** (m.) Tubabläser | **tuba** (ein fanfarenähnliches Signalblasinstrument) | **prosilire** vorspringen, vorstürmen | **spiritus, -ūs** (m.) hier: Blasen | **classicum exordiri** das Signal (zum Angriff) geben | **pertendere** eilen | **iniquitas** Ungerechtigkeit | **iacta alea est** der Würfel ist geworfen (aber noch nicht gefallen, d. h. das ›Spiel‹ hat begonnen, der Ausgang aber ist ungewiss; ein abgewandeltes Zitat des griech. Komödiendichters Menander: ἀνερρίφθω κύβος)

◆ **(33) pulsi** (aus Rom) | **supervenire** dazukommen, eintreffen | **pro contione** vor/in einer Versammlung | **flere** weinen | **discindere** wegreißen | **invocare** anrufen

◆ **(1,183) gelidus** eiskalt | **cursus, -ūs** (m.) hier: Sturmschritt, Eile ◆ **(184) ingentis ~ *ingentes*** | **animo capere** geistig erfassen | **motus, -ūs** (m.) hier: (politische) Bewegung, Umwälzung ◆ **(186) trepidare** sich ängstigen, zittern ◆ **(186–190) visa ⟨est⟩ ... adstare ... loqui** ◆ **(187) maestus** traurig, tief betrübt

turrigero canos effundens vertice crines
caesarie lacera nudisque adstare lacertis
et gemitu permixta loqui: ›Quo tenditis ultra?   190
Quo fertis mea signa, viri? Si iure venitis,
si cives, huc usque licet.‹ Tum perculit horror
membra ducis, riguere comae gressumque coercens
languor in extrema tenuit vestigia ripa.

19. Der Beginn des Bürgerkriegs
(Velleius Paterculus, *Historia Romana* II 49,1)

49 (1) Lentulo et Marcello consulibus post urbem conditam annis DCCIII […] bellum civile exarsit. Alterius ducis causa melior videbatur, alterius erat firmior: (2) Hic
omnia speciosa, illic valentia; Pompeium senatus auctoritas, Caesarem militum armavit fiducia. Consules senatusque causae, non Pompeio summam imperii detulerunt.

◆ **(188) turriger, -gera, -gerum** Türme tragend, turmbekränzt | **canus** grau | **effundere** *alqa re* herabwallen lassen von etw. | **vertex, -icis** (m.) Scheitel ◆ **(189) caesaries, -ei** (f.) Lockenhaar | **lacer, -era, -erum** zerzaust | **caesarie lacera** Abl. modi | **adstare** dastehen | **lacertus** (Ober-)Arm ◆ **(190) gemitus, -ūs** (m.) Seufzen | **permiscere** ~ *miscere* | **tendere** hier: eilen | **ultra** (noch) weiter ◆ **(192) cives** prädik. | **huc usque** bis hierher | **percellere** erschüttern ◆ **(193) riguere** ~ *riguerunt* | **rigēre** sich sträuben | **coma** Haar | **gressus, -ūs** (m.) Gehen, Schritt | **coercere** hier: hemmen ◆ **(194) languor, -oris** (m.) Erschlaffung | **vestigium** ~ *pes* | **in extrema ripa** am Rande des Ufers
◆ **(49,1) Lentulo et Marcello consulibus** (~ 49 v. Chr.) | **DCCIII** *septingentis tribus* | **exardescere** entbrennen ◆ **(2) speciosus** glänzend | **valens** kräftig, stark | **speciosa** ⟨*erant*⟩ … **valentia** ⟨*erant*⟩ | **fiducia** Vertrauen, Zuverlässigkeit | **causa** hier: Sache (prägn.) | **summa imperii** Oberbefehl | **deferre** hier: übertragen

Nihil relictum a Caesare, quod servandae pacis causa temptari posset, nihil receptum a Pompeianis.

20. Bürgerkrieg: Die Schlacht bei Pharsalos – Caesars Milde (Velleius Paterculus, *Historia Romana* II 52,3–6)

52 (3) Aciem Pharsalicam et illum cruentissimum Romano nomini diem tantumque utriusque exercitus profusum sanguinis et collisa inter se duo rei publicae capita effossumque alterum Romani imperii lumen, tot talesque Pompeianarum partium caesos viros non recipit enarranda hic scripturae modus.   (4) Illud notandum est: Ut primum C. Caesar inclinatam vidit Pompeianorum aciem, neque prius neque antiquius quidquam habuit, quam ut in omnes partes, ut militari verbo ex consuetudine utar, di-

---

relictum ⟨*est*⟩ … **receptum** ⟨*est*⟩ | **recipere** hier: annehmen | **Pompeiani, -orum** Pompeianer, Anhänger des Pompeius
◆ **(52,3) acies Pharsalica** Schlacht von Pharsalos (48 v. Chr.) | **cruentus** blutig | **tantum profusum sanguinis** soviel vergossenes Blut (wörtl.: soviel Vergossenes an Blut); *sanguinis* Gen. part. | **collidere** zusammenstoßen | **duo rei publicae capita** (meint Caesar und Pompeius) | **effodere** ausstechen | **lumen** ~ *oculus* (meint Pompeius) | **recipere** hier: gestatten, zulassen | **enarrare** (vollständig) erzählen | **scriptura** Schrift, Darstellung | **aciem … diem … profusum … capita … lumen … viros** Akk.-Objekte zu *non recipit* | **enarranda, -orum** Gegenstand einer vollständigen Erzählung (prädik. zu den Akk.-Objekten) | **scriptura** (schriftliche) Darstellung | **scripturae modus** (Literatur-)Gattung (*hic scripturae modus*: Velleius will nur einen Abriss der röm. Geschichte geben.)   ◆ **(4) notare** anmerken | **ut primum** sobald | **inclinari** ins Wanken geraten | **antiquus** hier: wichtig | **in omnes partes dimittere** in alle Richtungen ausschicken (offensichtlich ein elliptischer militärischer Ausdruck; er wird verschieden erg.)

mitteret.   (5) Pro dii immortales, quod huius voluntatis
erga Brutum suae postea vir tam mitis pretium tulit!
(6) Nihil in illa victoria mirabilius, magnificentius, clarius
fuit, quam quod neminem nisi acie consumptum civem
patria desideravit. Sed munus misericordiae corrupit perti-
nacia, cum libentius vitam victor iam daret, quam victi acciperent.

21. Caesars Versöhnlichkeit und Toleranz
   (Sueton, *Divus Iulius* 75,4–5)

75 (4) Denique tempore extremo etiam, quibus nondum
ignoverat, cunctis in Italiam redire permisit magistratus-
que et imperia capere. Sed et statuas Luci Sullae atque
Pompei a plebe disiectas reposuit. Ac si qua posthac aut
cogitarentur gravius adversus se aut dicerentur, inhibere
maluit quam vindicare.   (5) Itaque et detectas coniura-
tiones conventusque nocturnos non ultra arguit, quam ut
edicto ostenderet esse sibi notas; et acerbe loquentibus
satis habuit pro contione denuntiare, ne perseverarent;

◆ **(5) pro dii immortales** (Vok.) o ihr unsterblichen Götter | **voluntas,
-atis** (f.) hier: Gesinnung, Wohlwollen | **erga** (mit Akk.) gegen(über) |
mitis, -e mild gesinnt | **ferre** hier: erhalten, davontragen | ordne: **quod
pretium huius voluntatis**   ◆ **(6) quod** (fakt.) dass | **consumptum ~
*caesum*** | **desiderare** hier: zu beklagen haben | **nihil … desideravit**
(meint, dass Caesar auf eine spätere Verfolgung und Tötung seiner Geg-
ner verzichtete) | **pertinacia** Starrsinn | **cum** wo doch

◆ **(75,4) tempore extremo** ⟨*vitae*⟩ | **ignoverat … permisit** Subj. ist
Caesar | ordne: **etiam cunctis, quibus nondum ignoverat, in Italiam …** |
reponere ~ *restituere* | ⟨*ali*⟩**qua** Neutr. Pl. | **posthac ~ *postea*** | **inhibere**
Einhalt gebieten   ◆ **(5) detegere** aufdecken | **conventus, -ūs** (m.) Zu-
sammenkunft | **ultra** weiter | **ostenderet** ⟨*eas*⟩ **esse sibi notas** | **satis habe-
re** sich damit begnügen | **pro contione** in/vor der Versammlung | **denun-
tiare** kundtun | **perseverare ~ *pergere*** | **ne perseverarent** ⟨*acerbe loqui*⟩

Caesars *clementia* (›Milde‹) gegenüber
den Bürgerkriegsgegnern: Der Handschlag symbolisiert die *concordia* (›Eintracht‹), der *caduceus* (›Heroldsstab‹)
Friede und Glück. Münze des D. Iunius
Brutus Albinus (48 v. Chr.).

Aulique Caecinae criminosissimo libro et Pitholai carmi-
nibus maledicentissimis laceratam existimationem suam
civili animo tulit.

22. Ein berühmtes Wort (Sueton, *Divus Iulius* 37,1–2; Florus, *Epitoma de Tito Livio* II 13,62–63)

37 (1) Confectis bellis quinquiens triumphavit. [...]
(2) Pontico triumpho inter pompae fercula trium verborum praetulit titulum VENI VIDI VICI non acta belli signi-
ficantem sicut ceteris, sed celeriter confecti notam.

Aulus Caecina (Von ihm stammt das bei Cicero, *Ad familiares* VI 7,4
überlieferte Wort *totum enim Caesarem non novi.*) | **criminosus** ver-
leumderisch, gehässig | **Pitholaus** (Eigenname) | **maledicere** (mit Wor-
ten) herabsetzen, schlecht machen | **lacerare** beschädigen, in den
Schmutz ziehen | **civilis animus** Bürgersinn
◆ **(37,1) quinquiens** fünfmal | **triumphare** einen Triumph abhal-
ten ◆ **(2) Ponticus triumphus** (Triumph für den Sieg über Pharnakes
von Pontos i. J. 47) | **pompa** Festzug | **ferculum** Traggestell | **praeferre**
vorantragen | **titulus** hier: Schrifttafel | **acta, -orum** Taten | **ceteris**
⟨*triumphis*⟩ | **nota** hier: Kurzformel

13 (62) Rex Pharnaces magis discordiae nostrae fiducia quam suae virtutis infesto in Cappadociam agmine ruebat. (63) Sed hunc Caesar aggressus uno et, ut sic dixerim, non toto proelio obtrivit more fulminis, quod uno eodemque momento venit, percussit, abscessit. Nec vana de se praedicatio est Caesaris, ante victum hostem esse quam visum.

23. Caesars Maßlosigkeit – Ursachen für seine Ermordung (Sueton, *Divus Iulius* 76–79)

76 (1) Praegravant tamen cetera facta dictaque eius, ut et abusus dominatione et iure caesus existimetur. Non enim honores modo nimios recepit: continuum consulatum, perpetuam dictaturam praefecturamque morum, insuper praenomen Imperatoris, cognomen Patris patriae,

◆ **(13,62) Pharnaces, -is** (m.) (Sohn des Mithridates VI.; König von Bosporos 63–47; bei Zela von Caesar besiegt) | **fiducia** Vertrauen | **infestus** feindlich | **Cappadocia** (Landschaft im Zentrum Kleinasiens) | **ruere** (wohin) einfallen ◆ **(63) obterere** zermalmen | **more** ~ *modo* | **percutere** hier: einschlagen, treffen | **abscedere** hier: verschwunden sein | **vanus** eitel, prahlerisch | **praedicatio, -onis** (f.) Lob | **ante** hier: früher

◆ **(76,1) praegravare** überwiegen | **eius** ~ *Caesaris* | **abusus** ⟨*esse*⟩ … **caesus** ⟨*esse*⟩ **existimetur** NcI | **continuus** hier: ununterbrochen bekleidet | **continuum consulatum** (Caesar war Konsul in den Jahren 59, 48, 46, 45, 44; damit verstieß er gegen das Verbot der Iteration sowie – mit der gleichzeitig bekleideten Diktatur – gegen das der Kumulation.) | **perpetuus** hier: auf Lebenszeit | **perpetuam dictaturam** (Das Diktatorenamt war ursprünglich ein Amt für den Staatsnotstand – gegen äußere Feinde – und zeitlich auf ein halbes Jahr befristet.) | **praefectura morum** oberstes Sittenrichteramt | **insuper** überdies | **praenomen** Vorname | **cognomen** Beiname (Der Römer hatte gewöhnlich drei Namen: *praenomen, nomen gentile* [Familienname], *cognomen*; z. B. *Gaius Iulius Caesar.*)

Münze des L. Aemilius Buca (44 v. Chr.). Vorderseite: *CAESAR DICT [ator] PERPETUO* (»Caesar Dictator auf Lebenszeit«). Rückseite: *L[ucius] BUCA*. Die Symbole zeigen, welche Gesichtspunkte seiner Herrschaft Caesar offensichtlich für wesentlich hielt: Geflügelter Heroldsstab: Wohlstand (der von Merkur herkommt); Rutenbündel: Amtsgewalt; Opferaxt: Frömmigkeit; Handschlag: Eintracht; Weltkugel: Weltherrschaft.

statuam inter reges, suggestum in orchestra; sed et amplio-ra etiam humano fastigio decerni sibi passus est: sedem au-ream in curia et pro tribunali, tensam et ferculum circensi pompa, templa, aras, simulacra iuxta deos, pulvinar, flami

reges (Seit der Vertreibung des letzten Königs um 500 v. Chr. war die Königsherrschaft den Römern verhasst.) | **suggestum** erhöhter Platz | **in orchestra** ~ ›in der ersten Reihe‹ (*orchestra* im antiken Theater die Fläche zwischen Bühnenhaus und Zuschauerraum) | **sed et** sondern auch | **etiam** noch | **fastigium** höchste Stufe/Ehrung | **fastigium humanum** die höchste Ehrung, die ein Mensch erlangen kann | **tribūnal, -ālis** (n.; Abl.: *-i*) Gerichtshof | **tensa** Götterwagen | **ferculum** Trage | **circensis pompa** Festzug im Zirkus | **pulvīnar, -āris** (n.) Polstersitz (wie er den Göttern zukommt) | **flamen, -inis** (m.) Flamen (Eigenpriester einer bestimmten Gottheit)

nem, lupercos, appellationem mensis e suo nomine; ac
nullos non honores ad libidinem cepit et dedit.　(2) Tertium et quartum consulatum titulo tenus gessit contentus
dictaturae potestate decretae cum consulatibus simul atque
utroque anno binos consules substituit sibi in ternos novis-
simos menses, ita ut medio tempore comitia nulla habuerit
praeter tribunorum et aedilium plebis praefectosque pro
praetoribus constituerit, qui absente se res urbanas admi-
nistrarent. Pridie autem Kalendas Ianuarias repentina con-
sulis morte cessantem honorem in paucas horas petenti
dedit.　(3) Eadem licentia spreto patrio more magistratus
in pluris annos ordinavit, decem praetoris viris consularia
ornamenta tribuit, civitate donatos et quosdam e semibar-
baris Gallorum recepit in curiam. […]

---

lupercus (Priester des altitalischen Herdengottes Lupercus, ~ Pan) | **ap-
pellatio, -onis** (f.) Benennung | **appellatio mensis e suo nomine** (Der
Monat Juli hieß vorher *Quintilis*, fünfter Monat, da die Römer bis 154
v. Chr. das Jahr mit dem März begannen.) | **nullos non** ~ *omnes* | **ad li-
bidinem** nach Belieben　◆ **(2) tertium et quartum consulatum** (in
den Jahren 46 und 45) | **titulo tenus** nur dem Titel nach | ordne: **con-
tentus potestate dictaturae decretae** ⟨*sibi*⟩ **simul cum consulatibus** |
atque ~ *et* | **bini, -orum** (je) zwei | **substituere** *alcui* an jds. Stelle set-
zen | **in** hier: für | **terni, -orum** (je) drei | **comitia habere** Volksver-
sammlungen abhalten | **plebis** zu *tribunorum* und *aedilium* | **aedilium
plebis** (Neben den beiden plebejischen Ädilen gab es zwei kurulische.) |
constituere hier: einsetzen | **qui … administrarent** Konj. wegen fin.
Sinnrichtung | **pridie** (mit Akk.) am Tag vor (etw.) | **Kalendas Ianuari-
as** (Am 1. Januar traten die Konsuln ihr Amt an.) | **cessans** hier: vakant |
petens hier: Bewerber　◆ **(3) licentia** hier: Willkür | **spernere** verach-
ten | **magistratūs ordinare** eine Reihenfolge der Beamten aufstellen
(Die Wahlen wurden damit zur Farce.) | **pluris** ~ *plures* | **praetorius vir**
gewesener/ehemaliger Praetor | **ornamentum** hier: Ehrenzeichen | **ci-
vitate donatos** (meint Leute, die keine geborenen Römer waren, son-
dern das Bürgerrecht erst erhalten hatten) | **semibarbarus** Halbbarbar |
curia ~ *senatus*

77 Nec minoris impotentiae voces propalam edebat, ut Titus Ampius scribit: nihil esse rem publicam, appellationem modo sine corpore ac specie; Sullam nescisse litteras, qui dictaturam deposuerit; debere homines consideratius iam loqui secum ac pro legibus habere, quae dicat. Eoque arrogantiae progressus est, ut haruspice tristia et sine corde exta quondam nuntiante futura diceret laetiora, cum vellet; nec pro ostento ducendum, si pecudi cor defuisset.

78 (1) Verum praecipuam et exitiabilem sibi invidiam hinc maxime movit. Adeuntis se cum plurimis honorificentissimisque decretis universos patres conscriptos sedens pro aede Veneris Genetricis excepit. Quidam putant retentum a Cornelio Balbo, cum conaretur assurgere; alii, ne conatum quidem omnino, sed etiam admonentem Gaium Trebatium, ut assurgeret, minus familiari vultu respexisse. [...]

79 (1) Adiecit ad tam insignem despecti senatus contu-

◆ **(77)** **impotentia** Maßlosigkeit | **propalam** öffentlich | **nihil ... dicat** or. obl. | **appellatio, -onis** (f.) Name | **species** hier: Gestalt | **nescisse** ~ *nescivisse* | **nescire litteras** sich in der Geschichte nicht auskennen (zu wenig gelesen haben), oder auch: das ABC der Politik nicht verstehen | **consideratus** bedachtsam, vorsichtig | **secum** ~ *cum Caesare* | **eo** bis zu dem Grad | **arrogantia** Anmaßung, Hochmut | **progredi** hier: sich versteigen | **haruspex, -spicis** (m.) Opfer-/Eingeweideschauer | **tristis, -e** hier: Unglück verkündend | **exta, -orum** Eingeweide | **futura** ⟨esse⟩ | **nec ... defuisset** or. obl. | **pro ostento ducere** für ein Wunderzeichen halten | **ducendum** ⟨esse⟩ | **pecus, -udis** (f.) (Stück) Vieh

◆ **(78,1)** **praecipuus** besonderer | **exitiabilis, -e** Unheil bringend | **movere** hier: hervorrufen | **adeuntis** ~ *adeuntes* | **honorificus** Ehre bringend, ehrend | **decretum** Beschluss | **pro aede Veneris Genetricis** (Der Tempel der Venus Genetrix lag auf dem Forum Iulium.) | **retentum** ⟨esse⟩ | **alii** ⟨putant eum⟩ **ne conatum** ⟨esse⟩ **quidem omnino** | **omnino** auch nur | **assurgere** ~ *surgere* | **familiaris** hier: freundlich

◆ **(79,1)** **contumelia** Beleidigung, schmachvolle Behandlung

meliam multo arrogantius factum. Nam cum in sacrificio Latinarum revertente eo inter immodicas ac novas populi acclamationes quidam e turba statuae eius coronam lauream candida fascia praeligata imposuisset et tribuni plebis Epidius Marullus Caesetiusque Flavus coronae fasciam detrahi hominemque duci in vincula iussissent, dolens seu parum prospere motam regni mentionem sive, ut ferebat, ereptam sibi gloriam recusandi, tribunos graviter increpitos potestate privavit.   (2) Neque ex eo infamiam affectati etiam regii nominis discutere valuit, quamquam et plebi regem se salutanti Caesarem se, non regem esse responderit et Lupercalibus pro rostris a consule Antonio admotum saepius capiti suo diadema reppulerit atque in Capitolium Iovi Optimo Maximo miserit.

---

arrogans anmaßend, hochmütig | ⟨*feriae*⟩ **Latinae** das Latinerfest | **immodicus** maßlos | **acclamatio, -onis** (f.) Zuruf | **laureus** Lorbeer- | **candidus** weiß | **fascia** Binde | **candida fascia** (soll an ein Königsdiadem erinnern) | **praeligare** vorn anbinden | **candida fascia praeligata** Abl. abs. | **Epidius Marullus, Caesetius Flavus** (Eigennamen) | **detrahere** abnehmen | **in vincula ducere** verhaften | **dolens** (mit AcI) *motam* ⟨*esse*⟩ … *ereptam* ⟨*esse*⟩ | **mentionem movere** eine Anregung geben | **ferre** hier: behaupten | **increpare** anfahren, scharf tadeln | Konstr.: **cum … quidam e turba … imposuisset et tribuni plebis … iussissent, dolens … privavit** ◆ **(2) ex eo** seitdem | **infamia** übler Ruf | **affectare** begierig erstreben | **affectati etiam regii nominis** im Dt. Inf.-Konstr. | **discutere** entkräften | **valere** vermögen | *alqm* **regem salutare** jdn. als König begrüßen | **Caesarem … esse** AcI von *responderit* abh. | **Lupercalia, -ium** die Lupercalien (Fest des altitalischen Herdengottes Lupercus am 15. Februar) | **admovere** nahebringen | **diadema, -atis** (n.) Diadem, Stirnbinde (als Zeichen der Königswürde) | Konstr.: **neque … valuit, quamquam et … responderit et … reppulerit atque … miserit** (Konj. im *quamquam*-Satz im nachklassischen Latein üblich)

24. Die Iden des März 44
(Sueton, *Divus Iulius* 81,4–82,3)

81 (4) Ob haec simul et ob infirmam valetudinem diu
cunctatus, an se contineret et, quae apud senatum propo-
suerat, agere differret, tandem Decimo Bruto adhortante,
ne frequentis ac iam dudum opperientis destitueret, quinta
fere hora progressus est libellumque insidiarum indicem
ab obvio quodam porrectum libellis ceteris, quos sinistra
manu tenebat, quasi mox lecturus commiscuit. Dein pluribus hostiis caesis, cum litare non posset, introiit curiam
spreta religione Spurinnamque irridens et ut falsum ar-
guens, quod sine ulla sua noxa Idus Martiae adessent:
Quamquam is venisse quidem eas diceret, sed non praeter-
isse.

82 (1) Assidentem conspirati specie officii circumsteter-

◆ **(81,4) se continere** fernbleiben (von der Senatssitzung) | **se conti-
neret** ⟨*Caesar*⟩ | **adhortari** ~ *hortari* | **frequentis, opperientis** ~ *fre-
quentes, opperientes* | **dudum** (Adv.) länger | **opperiri** ~ *exspectare* | **de-
stituere** allein lassen | **quintā fere horā** → Anh. S. 139 | **progredi** hier:
sich auf den Weg machen | **libellus** Schriftstück | **index, -icis** (m.) An-
zeiger, Verräter | **libellum insidiarum indicem** ein Schriftstück, das ei-
nen Anschlag verriet | **obvius** begegnend, entgegenkommend | **porri-
gere** (dar)reichen, geben | **mox** bald | **commiscere** *alqd alqa re* etw. mit
etw. vermengen, etw. zu etw. (anderem) tun | Übers.-Hilfe: aus der
Part.-Konstr. *ob … cunctatus, an … differret* im Dt. einen eigenständi-
gen Satz bilden; Strichpunkt bzw. Punkt nach *progressus est* setzen |
hostia Opfertier | **litare** unter günstigen Vorzeichen opfern | **introire** ~
intrare | **spernere, -o, sprevi, spretum** verachten, missachten | **Spurin-
na** (Name eines etruskischen Opferschauers, der Caesar vor den Iden
des März gewarnt hatte) | **irridere** auslachen, verspotten | **ut falsum** als
irrenden Wahrsager | **noxa** Schaden

◆ **(82,1) assidēre** (*assido*) sich hinsetzen | **conspiratus** Verschwörer |
specie unter dem Vorwand | **officium** hier: Anliegen, Geschäft | **cir-
cumsistere** umringen

Von L. Plaetorius Cestius für den Caesar-Mörder Marcus Iunius Brutus geprägte Münze (43/42 v. Chr.). Vorderseite: *BRUT[us] IMP[erator] – L[ucius] PLAET[orius] CEST[ius]*. Rückseite: Dolche als Zeichen des Tyrannenmordes, *pilleus* (Filzkappe des freien römischen Bürgers) als Zeichen der wiedergewonnenen Freiheit. *EID[us] MAR[tiae]* (»die Iden des März«).

unt, ilicoque Cimber Tillius, qui primas partes susceperat, quasi aliquid rogaturus propius accessit renuentique et gestum in aliud tempus differenti ab utroque umero togam apprehendit: Deinde clamantem: ›Ista quidem vis est!‹ alter e Cascis aversum vulnerat paulum infra iugulum. (2) Caesar Cascae brachium arreptum graphio traiecit co-

---

ilico ~ *statim* | **quasi aliquid rogaturus** (Cimber bat Caesar um die Begnadigung seines Bruders.) | **renuere** ablehnen | **gestum differre** die Sache, die Erledigung verschieben | **renuenti … differenti** ⟨*Caesari*⟩ | **umerus** Schulter | **apprehendere** fassen | **alter e Cascis** (meint hier Publius Servilius Casca Longus) | **aversus** von hinten | ⟨*Caesarem*⟩ **aversum** | **iugulum** Kehle ◆ **(2) brachium** Arm | **arripere** packen | **graphium** Schreibstift | **traicere** hier: durchbohren

natusque prosilire alio vulnere tardatus est; utque animadvertit undique se strictis pugionibus peti, toga caput obvol-
vit, simul sinistra manu sinum ad ima crura deduxit, quo
honestius caderet etiam inferiore corporis parte velata. Atque ita tribus et viginti plagis confossus est uno modo ad
primum ictum gemitu sine voce edito, etsi tradiderunt
quidam Marco Bruto irruenti dixisse: ›Καὶ σὺ τέκνον;‹
(3) Exanimis diffugientibus cunctis aliquamdiu iacuit,
donec lecticae impositum, dependente brachio, tres servoli
domum rettulerunt. Nec in tot vulneribus, ut Antistius me-
dicus existimabat, letale ullum repertum est, nisi quod se-
cundo loco in pectore acceperat.

25. Geistige Leistungsfähigkeit – militärische Leistung – Großmut (Plinius d. Ä., *Naturalis historia* VII 91–94)

91 Animi vigore praestantissimum arbitror genitum
Caesarem dictatorem, nec virtutem constantiamque nunc

---

prosilire aufspringen | **tardare** hemmen | **utque** ~ *et ut* | **stringere** zü-
cken | **pugio, -onis** (m.) Dolch | **obvolvere** verhüllen | **sinus, -ūs** (m.)
(Falten-)Bausch der Toga | **ad ima crura** bis zu den Füßen (wörtl.: bis zu
den tiefsten Unterschenkeln) | **deducere** hier: hinabziehen | **quo** → V |
velare verhüllen | **plaga** Stich | **confodere** durchbohren | **uno modo ad
primum ictum gemitu sine voce edito** ›wobei er nur beim ersten Stich
einen einzigen Laut des Stöhnens, aber kein Wort von sich gab‹ | **etsi**
wenn auch | **tradiderunt quidam** ⟨*Caesarem*⟩ … **dixisse** | **irruere** ein-
dringen (auf jdn.) | **Καὶ σὺ τέκνον;** »Auch du, mein Kind?« | **exanimis,
-e** leblos, tot | **diffugere** auseinanderfliehen | **aliquamdiu** ziemlich lan-
ge | **lectica** Sänfte | ⟨*eum*⟩ **lecticae impositum** | **dependēre** (*dependeo*)
herabhängen | **servolus** Sklave (verächtlich) | **letalis, -e** tödlich

◆ **(91) animi vigor, -oris** (m.) Geisteskraft | **praestans** *alqa re* ausge-
zeichnet durch etw. | **gigni, gignor, genitus sum** geboren werden | **ge-
nitum** ⟨*esse*⟩

commemoro nec sublimitatem omnium capacem, quae
caelo continentur, sed proprium vigorem celeritatemque
quodam igne volucrem. Scribere aut legere, simul dictare et
audire solitum accepimus, epistulas vero tantarum rerum
quaternas pariter dictare librariis aut, si nihil aliud ageret,
septenas.

92 Idem signis collatis bis et quinquagiens dimicavit, solus M. Marcellum transgressus, qui undequadragiens dimicavit. Nam praeter civiles victorias undeciens centena et
nonaginta duo milia hominum occisa proeliis ab eo non
equidem in gloria posuerim, tantam etiam coactam huma-
ni generis iniuriam, quod ita esse confessus est ipse bello-
rum civilium stragem non prodendo.

93 Iustius Pompeio Magno tribuatur DCCCXLVI naves
piratis ademisse: Caesari proprium et peculiare sit praeter

---

sublimitas, -atis (f.) überragender Geist | **capax, -acis** *alcuius rei* etw.
leicht fassend | **continere** hier: umschließen | **vigorem celeritatemque**
⟨*animi*⟩ | **volucer, -cris, -cre** beflügelt | **dictare** diktieren | ⟨*eum*⟩ **soli-
tum** ⟨*esse*⟩ | **quaterni** (je) vier | **pariter** gleichzeitig | **librarius** Schreiber,
Sekretär | **septeni** (je) sieben

◆ **(92) signis collatis** in offener Feldschlacht | **bis et quinquagiens**
zweiundfünzigmal | **dimicare** kämpfen | M⟨*arcus Claudius*⟩ **Marcellus**
(Konsul 222, 214, 210, 208; bedeutender Feldherr im Zweiten Puni-
schen Krieg gegen Hannibal) | **transgredi** hier: übertreffen | **undequa-
dragiens** neununddreißigmal | **civilis victoria** Sieg im Bürgerkrieg |
undeciens centena et nonaginta duo milia 1 192 000 | **in gloria ponere**
zum Ruhm anrechnen | **etiam coactus** wenn auch notgedrungen | **iniu-
ria** *alcuius* Gewalttat gegenüber jdm. | **tantam ... iniuriam** Appos. zu
undeciens ... milia ... occisa | **quod ita esse** mit AcI verschr. Rel.-Satz |
strages Verluste | **prodendo** ohne ... preiszugeben

◆ **(93) tribuere** hier: zuschreiben | **DCCCXLVI** *octingentae quadra-
ginta sex* | **naves piratis ademisse** (Pompeius hatte im Jahr 67 das
Oberkommando im Krieg gegen die Seeräuber, die das gesamte Mittel-
meer unsicher machten; er beseitigte durch glänzende Operationen
dieses Problem dauerhaft.) | **peculiaris, -e** besonderer | **proprium et
peculiare** besonders eigentümlich

supra dicta clementiae insigne, qua usque ad paenitentiam
omnes superavit. Idem magnanimitatis perhibuit exemplum, cui comparari non possit aliud.

94 Spectacula enim edita effusasque opes aut operum
magnificentiam in hac parte enumerare luxuriae faventis
est: Illa fuit vera et incomparabilis invicti animi sublimitas,
captis apud Pharsaliam Pompei Magni scriniis epistularum
iterumque apud Thapsum Scipionis concremasse ea opti-
ma fide atque non legisse.

26. Caesars rhetorische Qualität (Cicero, *Brutus* 261)

261 Caesar autem rationem adhibens consuetudinem
vitiosam et corruptam pura et incorrupta consuetudine
emendat. Itaque cum ad hanc elegantiam verborum Lati-

---

clementia Milde | **insigne, -is** (n.) Zeichen | **paenitentia** Reue | **usque
ad paenitentiam** (Caesar hatte viele begnadigt, die später zu den Ver-
schwörern gehörten.) | **magnanimitas, -atis** (f.) Großmut, Hochherzig-
keit | **exemplum perhibere** ein Beispiel geben | **cui … possit** Konj. we-
gen konsek. Sinnrichtung

◆ **(94) edere** hier: veranstalten | **effundere opes** Vermögen vergeu-
den | **opus, -eris** (n.) hier: Bauwerk | **in hac parte** hier, an dieser Stelle |
enumerare aufzählen | **favere** *alcui rei* Gefallen finden an etw. | **faventis
est** Gen. poss. | **incomparabilis, -e** unvergleichlich | **invictus** unbesiegt,
unbesiegbar | **Pharsalia, -ae** Gegend von Pharsalos | **scrinia epistula-
rum** Briefarchiv (*scrinium* Kapsel) | **Thapsus** (Küstenstadt in Afrika
südlich von Karthago; Sieg Caesars 46 v. Chr.) | **concremasse** ~ *con-
cremavisse* (*concremare* verbrennen) | **optima fides** hier: unbedingte
Korrektheit

◆ **(261) ratio** hier: Lehre (des Attizismus bzw. der Analogie) | **con-
suetudo, -inis** (f.) hier: Sprachgebrauch | **emendare** verbessern, ver-
vollkommnen | **itaque** und so | **elegantia** Korrektheit (< *eligere*; wörtl.:
Auswahl aus der *copia verborum*)

norum – quae, etiam si orator non sis et sis ingenuus civis Romanus, tamen necessaria est – adiungit illa oratoria ornamenta dicendi, tum videtur tamquam tabulas bene pictas collocare in bono lumine. Hanc cum habeat praecipuam laudem, in communibus non video, cui debeat cedere. Splendidam quandam minimeque veteratoriam rationem dicendi tenet, voce, motu, forma etiam magnificam et generosam quodam modo.

27. Die schriftstellerische Qualität der *Commentarii* (Hirtius, *C. Iuli Caesaris commentarii de bello Gallico* VIII praefatio 4–7)

(4) Constat enim inter omnes nihil tam operose ab aliis esse perfectum, quod non horum elegantia commentariorum superetur.   (5) Qui sunt editi, ne scientia tantarum rerum scriptoribus deesset, adeoque probantur omnium iudicio, ut praerepta, non praebita facultas scriptoribus vi-

---

sis (unpers. zu übers.) man ist | **et** und doch; sondern nur | **ingenuus** freigeboren | **oratorius** rednerisch | **ornamenta, -orum** Schmuckmittel | **tamquam tabulas bene pictas collocare in bono lumine** (Bei diesem Vergleich entsprechen den *tabulae bene pictae* die oben erwähnte *elegantia verborum Latinorum*, dem *bonum lumen* die *oratoria ornamenta dicendi*.) | **praecipuus** besonderer | **in communibus** ⟨*laudibus*⟩ | **splendidus** glänzend | **veteratorius** durchtrieben, routiniert | **ratio** hier: ~ *modus* | **generosus** edel

◆ **(4) operosus** aufwändig, kunstvoll | **quod ... superetur** Konj. wegen konsek. Sinnrichtung | **elegantia** Gewähltheit, geschmackvolle Form (< *eligere*; wörtl.: *Auswahl* aus der *copia verborum*)   ◆ **(5) praeripere** (weg)nehmen | **praerepta** ⟨*esse*⟩, **non praebita** ⟨*esse*⟩ | **facultas, -atis** (f.) Möglichkeit (ein hervorragendes Werk zu schreiben) | **scriptor, -oris** (m.) Schriftsteller, Geschichtsschreiber

deatur.   (6) Cuius tamen rei maior nostra quam reliquo-
rum est admiratio; ceteri enim, quam bene atque emen-
date, nos etiam, quam facile atque celeriter eos perfecerit,
scimus.   (7) Erat autem in Caesare cum facultas atque elegantia summa scribendi, tum verissima scientia suorum
consiliorum explicandorum.

28. Caesars Rang als Redner und Schriftsteller
(Quintilian, *Institutio oratoria* X 1,114)

1 (114) C. vero Caesar si foro tantum vacasset, non alius
ex nostris contra Ciceronem nominaretur: Tanta in eo vis
est, id acumen, ea concitatio, ut illum eodem animo dixisse, quo bellavit, appareat; exornat tamen haec omnia
mira sermonis, cuius proprie studiosus fuit, elegantia.

◆ **(6) ceteri enim** ⟨*sciunt*⟩, **quam …, nos etiam scimus, quam …** |
emendatus tadellos   ◆ **(7) elegantia** hier: Geschmack | **scientia** hier:
Kenntnis | **explicandorum** hier: Part. Präs. Pass.

◆ **(1,114) forum** hier: (rednerische) Tätigkeit auf dem Forum | **va-
care** *alcui rei* Zeit haben für etw., sich einer Sache widmen | **vacasset ~
vacavisset** | **non alius … nominaretur** (meint, dass Caesar als einziger
Cicero ebenbürtig sei) | **acumen, -inis** (n.) Scharfsinn, Schärfe des Ver-
standes | **concitatio, -onis** (f.) Leidenschaftlichkeit | **exornare** zieren |
mira zu *elegantia* | **proprie** besonders | **elegantia** Gewähltheit, ge-
schmackvolle Form, Eleganz

Anhang

Abkürzungen und Symbole

abh./Abh.	abhängig/Abhängigkeit
Abl.	Ablativ(us)
comp.	comparationis (des Vergleichs)
caus.	causae (des Grundes)
instr.	instrumentalis (des Mittels)
lim.	limitationis (der Beziehung)
mod.	modi (der Art und Weise)
qual.	qualitatis (der Beschaffenheit)
temp.	temporis (der Zeit)
AcI	Accusativus cum Infinitivo
Adj.	Adjektiv
Adv.	Adverb
Akk.	Akkusativ
Anh.	Anhang
Appos.	Apposition
attr.	attributiv
Ausdr.	Ausdruck
Bed.	Bedeutung
bez.	beziehen
Dat.	Dativ(us)
auct.	auctoris (des Urhebers)
comm.	commodi (des Vorteils)
fin.	finalis (des Zwecks)
d. h.	das heißt
Dt.	Deutsch
erg.	ergänze(n)
etw.	etwas
explic.	explicativ(um)
fakt.	faktisch
f.	femininum
fin.	final
gall.	gallisch
Gen.	Genitiv(us)
obi.	obiectivus
part.	partitivus (des geteilten Ganzen)

poss.	possessivus (des Besitzers)
pret.	pretii (des Wertes)
qual.	qualitatis (der Beschaffenheit)
subi.	subiectivus
gramm.	grammatisch
griech.	griechisch
hist.	historisch
i. d. R.	in der Regel
i. J.	im Jahr
Impf.	Imperfekt
Indef.-Pron.	Indefinitpronomen
indekl.	indeklinabel, nicht deklinierbar
innerl.	innerlich
Inf.	Infinitiv
Irr.	Irrealis
jd./jdm./jdn./jds.	jemand/-em/-en/-es
kelt.	keltisch
Komp.	Komparativ
kond.	konditional
Konj.	Konjunktiv
Konstr.	Konstruktion
konz.	konzessiv
korr.	korrekt
lat.	lateinisch
m.	maskulinum
n.	neutrum
NcI	Nominativus cum Infinitivo
Neutr.	Neutrum
Nom.	Nominativ(us)
Obj.	Objekt
or. obl.	oratio obliqua (indirekte Rede)
Part.	Partizip
pass./Pass.	passiv/Passiv
Perf.	Perfekt
Pers.	Person
Pl.	Plural
PPP	Partizip Perfekt Passiv
prädik.	prädikativ

Präd.-Nomen	Prädikatsnomen
prägn.	prägnant
Präp.-Ausdr.	Präpositionalausdruck
Präs.	Präsens
rel.	relativ
Rel.-Satz	Relativsatz
result.	resultativ
röm.	römisch
Satzanschl.	Satzanschluss
Sg.	Singular
Subj.	Subjekt
temp.	temporal
übers.	übersetze(n)
unpers.	unpersönlich
Verg.	Vergangenheit
vermutl.	vermutlich
versch.	verschieden
verschr.	verschränkt
verw.	verwendet
vgl.	vergleiche
Vok.	Vokativ
wahrsch.	wahrscheinlich
wörtl.	wörtlich
<	abzuleiten aus
~	entspricht
↔	ist das Gegenteil von
→	siehe

Lernwortschatz

ad + Akk. — (bei Zahlen) an die, ungefähr

aciem īnstruere — das Heer in Schlachtordnung aufstellen

adorīrī, -orior, -ortus sum — angreifen

agmen primum (n.) — Vorhut

angustiae, -ārum (f.) — Engpässe, enger Durchgang

carrus, -ī (m.) — Wagen

certiōrem facere alqm dē alqā rē bzw. m. AcI — jdn. über etw. benachrichtigen

cliēns, -entis (m.) — Klient; bei den Galliern: Höriger (im Gegensatz zum freien Bürger/Vollbürger)

commūtātiō, -ōnis (f.) — Veränderung, Wechsel, Wandel

dēditiō, -ōnis (f.) — Übergabe, Kapitulation

dēmōnstrāre — hinweisen auf, zeigen

druidēs, -um (m.) — Druiden (die keltischen Priester)

ēruptiō, -ōnis (f.) — Ausfall, Ausbruch

explōrātōrēs, -um (m.) — Kundschafter (eine berittene Aufklärungstruppe)

factiō, -ōnis (f.) — Partei

habērī (+ dopp. Nom.) — gehalten werden für, gelten als

imperāre alqd — etw. zu stellen befehlen, die Stellung von etw. befehlen

incommodum, -ī (n.) — Niederlage (militär.)

īnstituere, -stituō, -stituī, -stitūtum — beginnen, sich vornehmen

interclūdere, -ō, -sī, -sum alqm alqā rē — jdn. von etw. abschneiden

iūs iūrandum, iūris iūrandī (n.)	Eid, Schwur
lātitūdō, -inis (f.)	Breite
latus apertum (n.)	offene ~ rechte Seite (die durch die Schilde nicht gedeckt ist)
legātus, -ī (m.)	Gesandter; militär.: Unterfeldherr, Legat (→ Anh. S. 135)
locī nātūra	natürliche Lage
longitūdō, -inis (f.)	Länge
mīlle passūs, Pl. mīlia passuum	1000 Doppelschritte ~ 1 Meile ~ 1,5 km
nex, necis (f.)	(gewaltsamer) Tod
novissimum agmen (n.)	Nachhut
pābulātiō, -ōnis (f.)	Futterholen (für Tiere)
pāgus, -ī (m.)	Gau, Teil eines Stammes
paulō	ein wenig
peditātus, -ūs (m.)	Fußvolk, Fußsoldaten
perfacilis, -e	sehr leicht
pīlum, -ī (n.)	Wurfspieß (→ Anh. S. 136)
pollicitātiō, -ōnis (f.)	Versprechung
posse	
plūs	großen Einfluss haben, viel gelten
plūrimum	sehr großen Einfluss haben, sehr viel gelten
minimum	sehr geringen Einfluss haben, sehr wenig gelten
prīncipātum obtinēre	die führende Stellung innehaben, den größten Einfluss besitzen
prīstinus, -a, -um	früher, ehemalig
proelium committere	ein Gefecht beginnen, sich auf ein Gefecht einlassen
quō (beim Komp.)	damit umso

rēs frūmentāria   Getreidelieferung, Getreideversorgung, Verproviantierung

septentriōnēs, -um (m.)   Norden (wörtl.: Siebengestirn ~ Großer Bär/Wagen)
sublevāre   unterstützen
suppetere, -ō, -īvī, -ītum   (reichlich) vorhanden sein, zur Verfügung stehen

tribūnus (m.) **militum**   Militärtribun (→ Anh. S. 135)

ut/uti (explic.)   nämlich dass

vigilia, -ae (f.)   Nachtwache (die Zeit zwischen Sonnenuntergang und -aufgang war in vier – je nach Jahreszeit längere oder kürzere – Abschnitte eingeteilt, → Anh. S. 139)

Namen- und Sachverzeichnis

Hier sind Namen nur der wichtigsten Personen und Sachen aufgenommen, die öfter vorkommen. Die Jahreszahlen beziehen sich, sofern nicht anders angegeben, auf die Zeit vor Christi Geburt.

Accō, -ōnis Gallier aus dem Stamm der Senonen; wegen Aufrufs zum Aufstand gegen Caesar hingerichtet.

Alesia, -ae Stadt der Mandubier; Ort des Entscheidungskampfes zwischen Römern und Galliern beim Aufstand i. J. 52; heute Alise-Sainte-Reine.

Allóbrogēs, -um die Allóbrogen; gall. Stamm in der Provinz Gallia transalpina.

Ambarrī, -ōrum die Ambarrer; kleiner gall. Stamm auf beiden Seiten des Arar.

T. Ampius Balbius Volkstribun 63, Prätor 59; Anhänger des Pompeius; von Caesar begnadigt; Geschichtsschreiber.

Andēs, -ium die Anden; gall. Stamm im heutigen Anjou.

T. Annius Milō Volkstribun 57, Prätor 55; unterhielt eine Schutztruppe für die innenpolitische Auseinandersetzung; nach der Ermordung seines Feindes Clodius i. J. 52 angeklagt und verbannt; im Bürgerkrieg i. J. 48 gefallen.

M. Antōnius Quästor 52, Volkstribun 49; Anhänger und Legat Caesars; 44 Konsul zusammen mit Caesar; ab 43 Triumvir mit Octavian (dem späteren Augustus) und Lepidus; bei der Verwaltung des Ostteils des Reiches der ägyptischen Königin Kleopatra verfallen; Zerwürfnis mit Octavian 32, erneuter Bürgerkrieg und schließlich Selbstmord i. J. 30 in Ägypten.

Aquītānia, -ae das südwestliche Gallien zwischen Garunna (Garonne), Pyrenäen und Ozean; Bewohner *Aquītāni*.

Ariovistus, -ī König des germanischen Stammes der Sueben; unterstützte die Sequaner gegen die Haeduer und ließ sich auf Sequanergebiet nieder; i. J. 58 von Caesar besiegt.

Arvernī, -ōrum die Arverner; sehr bedeutender gall. Stamm in der heutigen Auvergne.

C. Asinius Pollio überzeugter Republikaner; Anhänger Caesars, später des Antonius; mit Caesar am Rubikon; Volkstribun 47,

Prätor 45, Konsul 40, dann Rückzug ins Privatleben; Kulturförderer; Redner, Dichter und Geschichtsschreiber (Verfasser von *Historiae*, einer Geschichte der Bürgerkriege von 60 bis 42).

Aulercī, -ōrum   die Aulercer; bedeutender Stamm im nordwestl. Gallien zwischen Liger (Loire) und Sequana (Seine).

Belgae, -ārum   Bezeichnung für die Stämme im nordöstlichen Gallien zwischen Sequana (Seine), Matrona (Marne) und Rhenus (Rhein).

Bibulus   → Calpurnius.

Biturīgēs, -um   die Biturigen; großer gall. Stamm im westl. Gallien mit der Hauptstadt Avaricum.

Bōī, -ōrum   die Boier; bedeutender gall. Stamm; wanderten von Gallien in die Po-Ebene, später ins heutige Böhmen; Teile schlossen sich den auswandernden Helvetiern an und wurden von Caesar im Gebiet der Haeduer angesiedelt.

Brūtus   → Iunius.

Cadurcī, -ōrum   die Cadurcer; gall. Stamm in Aquitanien; heute Landschaft Quercy.

Cárnutēs, -um   die Cárnuten; gall. Stamm zwischen Liger (Loire) und Sequana (Seine) mit der Hauptstadt Cenabum.

M. Calpurnius Bibulus   Caesars Kollege als Ädil 65, Prätor 62 und Konsul 59; zunächst Konkurrent, später Todfeind Caesars; während des Konsulats zog er sich, von Caesar gedemütigt, zurück, so dass dieser allein die Geschäfte führte; Schwiegersohn des Cato (Uticensis); zu Beginn des Bürgerkriegs gestorben.

L. Cassius Longīnus   Konsul 107; wurde mit seinem Heer von den Tigurinern vernichtend geschlagen (*bellum Cassianum*).

Catō   → Porcius.

Cicerō   → Tullius.

P. Clōdius Pulcher   zu den Plebejern übergetretener Patrizier; Volkstribun 59; Anhänger Caesars, erbitterter Gegner Ciceros; terrorisierte mit seinen Banden die Hauptstadt und trug damit wesentlich zum Chaos der späten Republik bei; von Milos Handlangern i. J. 52 ermordet.

Commius Atrebās   König der Atrebaten; von Caesar sehr geschätzt; seit dem Vercingetorix-Aufstand i. J. 52 Gegner Caesars und der Römer.

L. Cornēlius Balbus stammte aus Spanien und erhielt i. J. 72 das röm. Bürgerrecht; einer der engsten Vertrauten Caesars.

L. Cornēlius Lentulus Crūs Prätor 58, Konsul 49; Anhänger des Pompeius; nach der Schlacht bei Pharsalos (wie dieser) in Ägypten ermordet.

L. Cornēlius Sulla 138–78; Konsul 88 und 80; Diktator 82–79; eingefleischter Optimat; ging mit Proskriptionen gegen die Popularen vor; restaurierte die Verfassung in optimatischem Sinn; nach dem Rücktritt vom Diktatorenamt gestorben.

Crassus → Licinius.

Dīviciācus, -ī Gallier aus dem Stamm der Haeduer; Bruder des Dúmnorix; Vertreter der römerfreundlichen Partei; bat Caesar um Hilfe gegen die Helvetier und gegen Ariovist.

Dúmnorīx, -īgis Gallier aus dem Stamm der Haeduer; Bruder des Diviciácus; Schwiegersohn des Orgétorix; Vertreter der römerfeindlichen Partei; wegen seiner Umtriebe von Caesar abgemahnt und überwacht; beim Widerstand gegen die Aufforderung, mit Caesar nach Britannien überzusetzen, i. J. 54 von römischen Truppen getötet.

Eratosthenēs, -is 275–194; aus Kyrene; wirkte in Alexandria als herausragender Gelehrter in Mathematik, Astronomie und Geographie; berechnete bereits einigermaßen genau den Erdumfang.

Gallia, -ae das Land zwischen Germanien, Italien, Spanien und dem Atlantik; es bestand aus drei Teilen: *Gallia comata* (das eigentliche Gallien, besiedelt von Kelten, Aquitanern und Belgern), *Gallia transalpina* (später Narbonensis) und *Gallia cisalpina* (das heutige Oberitalien bis zum Rubikon).

Germānī, -ōrum Bewohner von Germanien, des Gebiets vor allem östl. des Rheins; den Römern wenig bekannt.

Haeduī, -ōrum die Haeduer; einer der bedeutendsten gall. Stämme; siedelten zwischen den Flüssen Arar und Dubis; hatten schon vor Caesar ein enges Verhältnis zu den Römern.

Hēlvetiī, -ōrum   die Helvetier; gall. Stamm, der etwa im Gebiet der heutigen Schweiz siedelte; die Auswanderung der Helvetier – wohl unter germanischem Druck – nahm Caesar zum Anlass, in die gall. Verhältnisse einzugreifen.

D. Iūnius Brūtus Albīnus   Anhänger Caesars und mit diesem in Gallien; Prätor 45; dann Übergang zu den Verschwörern; holte Caesar an den Iden des März 44 zur Senatssitzung ab; im Bürgerkrieg von Antonius i. J. 43 getötet.

M. Iūnius Brūtus   Quästor 53, Prätor 44; im Bürgerkrieg 49 zuerst Gegner, dann, von Caesar begnadigt, dessen Anhänger und Freund; i. J. 44 Haupt der Verschwörung aus republikanischer Überzeugung; bei Philippi i. J. 42 Niederlage gegen die Caesarianer, anschließend Selbstmord.

T. Labiēnus   99–45; Volkstribun 63; 58–50 erster und bedeutendster Legat Caesars in Gallien; im Bürgerkrieg auf Seiten der Pompeianer; bei Munda i. J. 45 gegen Caesar gefallen.

Lemannus lacus   der heutige Genfer See.

Latobrīgī, -ōrum   die Latobriger; kleiner Nachbarstamm der Helvetier, der mit diesen auswanderte.

Lemovīcēs, -um   die Lemovicen; Stamm im westl. Gallien.

M. Licinius Crassus   um 115 – 53; Konsul 70 und 55; bereicherte sich maßlos bei Sullas Proskriptionen; reichster Mann Roms; bildete mit Pompeius und Caesar den sogenannten Ersten Triumvirat; gegen die Parther gefallen.

Mandūbiī, -ōrum   die Mandubier; gall. Stamm; um deren Hauptstadt Alesia fand der Entscheidungskampf i. J. 52 statt.

C. Marius   siebenmal Konsul; Sieger über Kimbern und Teutonen; Gegner Sullas.

Mátrona, -ae   Grenzfluss zwischen Kelten und Belgern; heute Marne.

Menapiī, -ōrum   die Menapier; gall. Stamm in Belgien an der Nordsee.

Milō   → Annius.

Mithridātēs, -is VI.   120–63; König von Pontos; führte drei Kriege gegen Rom; von Pompeius i. J. 66 endgültig geschlagen.

mōns Iūra Juragebirge, das die Grenze zwischen Helvetiern und Sequanern bildete.

Mórinī, -ōrum die Móriner; gall. Stamm in Belgien an der Nordsee.

Orgétorīx, -īgis sehr vornehmer und einflussreicher Helvetier; veranlasste seinen Stamm zu dem Beschluss, die alten Wohnsitze zu verlassen; von den Helvetiern wegen angeblichen Strebens nach der Alleinherrschaft angeklagt; starb, ohne dass ihm der Prozess gemacht werden konnte, vielleicht durch Selbstmord.

Parīsiī, -ōrum die Parisier; gall. Stamm am Sequana (Seine).

Píctonēs, -um die Píctonen; gall. Stamm im heutigen Poitou.

Cn. Pompēius Māgnus 106–48; Konsul 70, 55 und 52; einflussreichster Senator seiner Zeit; glänzender Organisator und Stratege; Niederlage gegen Caesar bei Pharsalos i. J. 48; Flucht nach Ägypten, dort ermordet.

M. Porcius Catō (Uticēnsis) Quästor 64, Volkstribun 62, Prätor 54; Stoiker, überzeugter Republikaner, Gegner Caesars; im Bürgerkrieg auf Seiten des Pompeius; verteidigte zuletzt Utica gegen Caesar; lehnte die Begnadigung durch diesen ab und beging Selbstmord.

Raúracī, -ōrum die Raúracer; gall. Stamm im Osten; Nachbarn der Helvetier.

Rēmī, ōrum die Remer; gall. Stamm in Belgien.

Rhēnus, -ī Grenzfluss zwischen Gallien und Germanien; heute Rhein.

Rhódanus, -ī größter Fluss Galliens; heute Rhône.

Sántonī, -um die Sántoner; Stamm im Südwesten Galliens am Ozean.

Segusiāvī, -ōrum die Segusiaver; gall. Stamm, der rechts des Rhódanus (Rhône) siedelte.

Sénonēs, -um die Senonen; bedeutender Stamm in der Mitte Galliens.

Sēquana, -ae Fluss in Gallien, die heutige Seine.

Sēquanī, -ōrum die Séquaner; sehr bedeutender gall. Stamm, der zwischen Arar (Saône) und Rhodanus (Rhône) siedelte.

Sulla → Cornēlius.

Tigurīnī, -ōrum die Tiguriner; einer der vier Teilstämme der Helvetier.

L. Tillius Cimber Prätor wohl 45; von Caesar begünstigt; gab das Zeichen zu Caesars Ermordung, indem er ihm die Toga herunterzog.

C. Trebatius Testa um 84 – 4 n. Chr.; röm. Jurist; juristischer Berater Caesars.

Tulīngī, -ōrum die Tulinger; kleiner Nachbarstamm der Helvetier, der mit diesen auswanderte.

M. Tullius Cicerō 106–43; *homo novus*; während seines Konsulats i. J. 63 deckte er die Verschwörung des Catilina auf; als Politiker gegen Caesar gescheitert; bedeutendster Redner und Schriftsteller; prägte den lateinischen Stil; Verfasser einer überaus wertvollen philosophischen Enzyklopädie; sein Bruder Quintus war von 54–51 Legat Caesars in Gallien.

Túronī, -ōrum die Túronen; gall. Stamm am Liger (Loire).

Ubiī, -ōrum die Ubier; german. Stamm an der Lahn und im Taunus; später auf die linke Rheinseite umgesiedelt.

Vercingétorīx, -īgis geboren um 82; Fürst der Arverner; Führer des großen Aufstandes i. J. 52; entschlossenster und bedeutendster Gegner Caesars; i. J. 46 beim Triumphzug in Rom vorgeführt und anschließend hingerichtet.

Vocontiī, -ōrum die Vocontier; Stamm in der Provinz Gallia transalpina.

Volcae, -ārum die Volcer; Stamm in der Provinz Gallia transalpina; zerfiel in die Teilstämme *Tectósagēs* und *Arecómicī*.

Caesars *Bellum Gallicum*

Gemäß römischem Staatsrecht musste jeder Konsul nach seiner Amtszeit eine Provinz als Statthalter übernehmen. Dem Prokonsul C. Iulius Caesar waren – gegen den Widerstand der Optimaten – die Provinzen Gallia cisalpina, Illyricum und Gallia transalpina zugewiesen worden (ab dem Jahr 58 auf fünf Jahre; im Jahr 55 um weitere fünf Jahre verlängert).

Nach dem Vorbild seines Rivalen Pompeius, der sich mit der Eroberung des Ostens eine Machtbasis geschaffen hatte, versuchte dies auch Caesar von seinen Provinzen aus zu tun. Den Krieg, den er begonnen hatte, um die Auswanderung der Helvetier zu verhindern, führte er bis zur Unterwerfung ganz Galliens weiter. Wie sehr sich einerseits die *libera res publica* in Auflösung befand, wie wenig sich andererseits Caesar um Legalität bemühte, sieht man daran, dass er anscheinend bedenkenlos Legionen ohne Senatsbeschluss aushob sowie das für Statthalter geltende Verbot missachtete oder missachten konnte, aus eigenem Antrieb, also ohne Auftrag und Erlaubnis, einen so großen Krieg zu führen. Allerdings erhielt seine Kriegführung eine gewisse Legitimation durch die Soldbewilligungen für die neu aufgestellten Legionen und durch die *supplicationes* (Dankfeste), die der Senat am Ende des zweiten, vierten und siebten Kriegsjahres zu Caesars Ehren beschloss.

In seinen *Commentarii* tritt uns Caesar als guter Organisator, als umsichtiger und souveräner Feldherr sowie als begnadeter Soldatenführer entgegen. Während er gegenüber innenpolitischen Feinden häufig seine vielgerühmte *clementia* an den Tag legte, schreckte er vor einer zum Teil sehr brutalen Kriegführung nicht zurück. Beispiele dafür sind die Niedermetzelung der Tiguriner (I 12), die Vernichtung der Usipeten und Tencterer (IV 14 f.) oder das Massaker von Avaricum (VII 28).

In sieben Jahren (58–52) hat Caesar, die Uneinigkeit der Gallier sowie die Überlegenheit des römischen Heerwesens und der römischen Verwaltung ausnutzend, Gallien so vollständig unterworfen, dass es in der Folgezeit niemals mehr zu ernsthaften Erhebungen gekommen ist.

Bei allem Leid, das der Krieg mit sich brachte, hatte er doch die weitreichenden Folgen, dass die germanische Völkerwanderung bis ins 3. Jahrhundert n. Chr. aufgeschoben und die Romanisierung Westeuropas in die Wege geleitet wurde. Dabei hatte vor allem letzteres einen nicht unerheblichen Einfluss auch auf den Verlauf der germanischen bzw. deutschen Geschichte bis in die jüngste Vergangenheit.

Caesars *Commentarii* als neue historische Darstellungsform

Als literarisches Ergebnis des gallischen Krieges sind uns Caesars *Commentarii de bello Gallico* überliefert. Das Werk ist in sieben Bücher gegliedert. Da jedes Buch die Ereignisse eines Kriegsjahres enthält, ist die Länge der einzelnen Bücher sehr unterschiedlich. Ein achtes hat Aulus Hirtius, ein Legat und Freund Caesars, postum hinzugefügt.

Die Literaturtheorie kennt die Einteilung der Literatur in bestimmte Gattungen. Die antike Geschichtsschreibung, die insgesamt eine Gattung bildet, verfügte über verschiedene Formen der Darstellung, z. B. Universalgeschichtsschreibung, Monographie, Lokalhistoriographie. Caesars schriftstellerisches Verdienst ist es u. a., diesen Darstellungsformen eine weitere hinzugefügt zu haben. Ihre hohe Qualität ist schon von Zeitgenossen anerkannt worden (siehe den Begleittext 27).

Das Wort *commentarii* (im Sg. selten) ist vom Verbum *comminisci* (›ersinnen, sich erinnern‹) abgeleitet und weist damit auf seine ursprüngliche Aufgabe hin: So nannte man in der Regel skizzenhafte Aufzeichnungen, die als Gedächtnisstützen für spätere Zwecke dienten. Man findet sie in allen Bereichen: als private Merkhilfen, als Redeentwürfe der Oratoren, als Stundenskizzen für den Schulunterricht, als Amtsbücher der Priester und als Rechenschaftsberichte der Magistrate.

Auch in der römischen Literatur werden dann unter dem Einfluss des hellenistischen *Hypómnema* (griechische Bezeichnung für Memoiren, Sammelwerke verschiedenen Inhalts oder sprachwissenschaftliche »Kommentare«) Memoiren und geschichtliche Abrisse *commentarii* genannt. Die Verfasser solcher *commentarii* (z. B. Sulla, Cicero) erhoben aber noch nicht den Anspruch, eine ausgefeilte, vollendete Darstellung zu geben; vielmehr wollten sie späteren Geschichtsschreibern damit das Rohmaterial für deren Bearbeitung des Stoffes bereitstellen.

Erst Caesar versetzte mit seinen sieben Büchern über den gallischen Krieg die *commentarii* in den Rang einer eigenständigen historischen Darstellungsform. Die Schlichtheit, die den ursprünglich skizzenhaften Aufzeichnungen anhaftete, erhob er zum Stilprinzip, nicht zuletzt mit dem Gedanken, dass eine klare, schlichte Darstellung auch einen objektiven und glaubhaften Eindruck hervorrufe. Die wichtigsten Mittel, die er dabei anwendet, sind: Gebrauch der Umgangssprache, Beschränkung des Wortschatzes auf weniger als 1300 Wörter, Nennung seiner selbst in der dritten Person, Verzicht auf rhetorische Ausschmückung, Wiedergabe der Reden vornehmlich in *oratio obliqua*, höchste Konzentration der Darstellung auf Handlungen und weitgehendes Beiseitelassen von Affekten (Ausnahme: Angst von Soldaten).

Mit der Veröffentlichung seiner *Commentarii* verfolgte Caesar eine propagandistische und eine dokumentarische Absicht, nämlich den gallischen Krieg zu rechtfertigen und seine eigenen Leistungen der Nachwelt zu überliefern. Als historischer Bericht müssen die *Commentarii* deshalb kritisch gelesen werden. Mit seiner tendenziösen Schreibweise, also der gezielten Auswahl und Darstellung der Fakten, wollte Caesar die Leser, in erster Linie die Senatoren in Rom, beeinflussen und lenken. Die Frage nach der historischen Wahrheit ist daher bis heute nicht befriedigend beantwortet; zudem ist Caesar über weite Strecken für die von ihm berichteten Geschehnisse unser einziger Gewährsmann. Dennoch sind seine *Commentarii* von unschätzbarem Wert: In Stil und Gehalt sind sie ein Stück Literatur ersten Ranges; als historische Quelle liefern sie die ersten ausführlichen Nachrichten über Kelten und Germanen in lateinischer Sprache.

Die *Commentarii* wurden in der Antike und im Mittelalter nicht viel gelesen, sondern lediglich als historische Quelle benutzt. Erst in der Renaissance erlebte die Caesar-Rezeption einen Aufschwung. Durch die preußische Lehrplanreform in der ersten Hälfte des 19. Jahrhunderts wurde Caesar wegen der vermeintlichen Leichtigkeit der Sprache und wegen der militärischen Thematik die Rolle zugewiesen, in der er uns auch heute noch begegnet, nämlich die des ersten großen Lektüreautors für die Mittelstufe des Gymnasiums. Dass diese Simplifikation Caesar nicht gerecht wird, erkennt man als Leser bei genauerer Lektüre ohne weiteres. So dürfte Ciceros Einschätzung von Caesars Wesen und politischem Wirken – mutatis mutandis – auch für dessen schriftstellerisches Werk gelten: »Cicero immerhin scheint als erster wie bei einem Meer das heiter Lächelnde an ihm mit Unbehagen und an seinem politischen Handeln mit Schrecken gesehen zu haben, und er erfasste das Ungeheure seines Charakters, das sich hinter der Liebenswürdigkeit und Heiterkeit verbarg« (Plutarch, *Caesar* 4,8).

Das römische Militärwesen

Das römische Heer war jahrhundertelang ein Bürgerheer in Milizform: Jeder Bürger war verpflichtet, im Kriegsfall je nach Vermögen als Reiter, Schwerbewaffneter oder Leichtbewaffneter zu dienen.

Eine einschneidende Veränderung erfuhr das Militärwesen um 100 v. Chr. durch die Heeresreform des Gaius Marius: Es wurde ein stehendes Heer aus Berufssoldaten gebildet, die man vor allem aus dem hauptstädtischen Proletariat rekrutierte; die Reiterei und die Leichtbewaffneten wurden nun von unterworfenen oder anderen fremden Völkern gestellt; statt des Manipels wurde die Kohorte die taktische Einheit; der Legionsadler wurde eingeführt.

Seine Überlegenheit gewann das römische Militärwesen hauptsächlich dank folgender Grundsätze: straffe Disziplin und regelmäßiges Exerzieren; ständiger Lagerbau während eines Feldzugs; Verbindung der Taktik des Fernkampfs (Waffe: *pilum* ›Wurfspieß‹) mit der des Nahkampfs (*gladius* ›Schwert‹); sehr flexible (also auch nach verschiedenen Seiten mögliche) Gefechtsführung durch die Staffelung des Heeres in mehrere Schlachtreihen; Bereithaltung von Reserven.

Die Gliederung eines römischen *exercitus* sah in der Regel so aus: Die Kerntruppen bestanden aus einer oder mehreren Legionen (*legio*). Eine Legion umfasste zehn Kohorten (*cohors*; etwa 480 Mann), diese wiederum jeweils drei Manipel (*manipulus*; etwa 160 Mann); zwei Zenturien (*centuria*; etwa 80 Mann) bildeten einen Manipel. Die Hilfstruppen (*auxilia*) gliederten sich in Leichtbewaffnete (*milites levis armaturae*) und in die Reiterei (*equitatus*). Diese bestand aus den *alae*, Regimentern mit einer Stärke von etwa 300 Mann; eine *ala* verfügte über zehn Schwadronen (*turma*) zu je drei Dekurien (*decuria*; etwa 10 Mann). Die Leichtbewaffneten setzten sich aus den *sagittarii* (Bogenschützen) und den *funditores* (Schleuderern) zusammen.

Seine großen Erfolge verdankte Caesar zu einem wesentlichen Teil der Marschleistung seiner Soldaten. Es gab drei Arten des Marsches: *iter iustum*, normaler Marsch über eine Strecke von etwa 20–25 km (*XX milia passuum*) und mit einer Dauer von etwa sieben Stunden; *iter magnum*, Eilmarsch über 30 km (*XXV milia passuum*), z. B. VII 39–41: etwa 75 km in 16 Stunden mit drei Stunden Marschpause; *iter maximum* (Gewaltmarsch). Jeder Legionär hatte neben seiner persönlichen Ausrüstung noch Verpflegung und einen Schanzpfahl mitzutragen; insgesamt wog dies ungefähr 30 kg. Auf dem Marsch nahm das Heer in der Regel folgende Aufstellung ein:

agmen *novissimum* (Nachhut)	*exercitus* (Hauptheer) mit *impedimenta* (Tross)	*agmen primum* (Vorhut)

Marschrichtung →

Die Rangordnung im römischen Heer war genau geregelt. Die wichtigsten ›Dienstgrade‹: An der Spitze stand der *dux* (Feldherr), der das vom Senat oder Volk verliehene *imperium*, also die Amtsund Befehlsgewalt besaß. Er war Konsul oder Prätor oder auch ehemaliger Konsul oder Prätor (*proconsul, propraetor*). Ihm standen einer oder mehrere *legati* (Unterfeldherren) zur Seite, die eine oder mehrere Legionen führten oder mit einem selbstständigen Kommando betraut werden konnten. Zu den Offizieren zählte auch der Militärtribun (*tribunus militum*). Je sechs gehörten zu einer Legion. Zu Caesars Zeit war ihr militärischer Wert eher gering, weil sie – weitgehend ohne militärische Erfahrung – diese Stelle als Sprungbrett für ihre folgende Ämterlaufbahn (*cursus honorum*) betrachteten. Die *praefecti* (Präfekten) waren Kommandeure einer Auxiliarkohorte oder einer *ala* der Reiterei. Eine eminent wichtige Stellung nahmen die *centuriones* (Zenturionen) ein. Nach heutigen Begriffen eher Unteroffiziere, hatten sie sich durch ihre Tüchtigkeit hochgedient. Auf ihrer Tapferkeit beruhte häufig der Ausgang eines Kampfes. Der höchste und angesehenste *centurio* war der *primipilus*. Die erfahrensten und ranghöchsten *centuriones* bezeichnete man als *centuriones primi ordinis*; sie wurden oft zum Kriegsrat hinzugezogen.

Die Ausrüstung des römischen Legionärs bestand aus Schutzwaffen (*arma*) und Angriffswaffen (*tela*).

Schutzwaffen:

lorica: (Brust-)Panzer aus Leder oder Metall
galea: Metallbeschlagener Lederhelm mit Nackenschild und Wangenbändern
cassis: Helm aus Metall
scutum: Langschild; etwa 1,25 m hoch, 0,80 m breit, halbzylindrisch; aus Holz mit Lederüberzug; an den Rändern mit Metall beschlagen; in der Mitte mit einem eisernen Buckel; während des Marsches in einer Hülle an der Seite oder auf dem Rücken getragen.

Angriffswaffen:

pilum: Wurfspieß; etwa 2 m lang; die lange, ungehärtete Metallspitze verbog sich beim Eindringen in einen Schild und machte diesen unbrauchbar, wurde aber auch selbst unbrauchbar; jeder Legionär trug zwei mit sich.
gladius: Schwert; Gesamtlänge etwa 70 cm; mit breiter, zweischneidiger, spitzer Klinge; in einer Scheide rechts getragen.

Literaturhinweise

Hier sind Bücher aufgeführt, die in dieser Textausgabe Verwendung fanden bzw. eine vertiefte Beschäftigung mit Caesar ermöglichen.

Textausgaben, Kommentare, Übersetzungen

Caesar, Gaius Iulius: Bellum Gallicum. Hrsg. von O. Seel. 3. Aufl. Leipzig: Teubner, 1977.
- Bellum civile. Hrsg. von A. Klotz. 2. Aufl. Leipzig: Teubner, 1950. [Nachdr. Stuttgart/Leipzig 1992.]
- Bellum Gallicum. Erkl. von F. Kraner [u.a.]. 3 Bde. 19. Aufl. Berlin: Weidmann, 1961–62.
Cicero, Marcus Tullius: Rhetorica. Bd. 2. Hrsg. von A.S. Wilkins. Oxford: Clarendon, 1988. [Nachdr.]
Florus, Lucius Annaeus: Epitome of Roman History. Lat./Engl. Hrsg. von E.S. Forster. Cambridge [u.a.]: Harvard University Press, 1995.
Lucanus, Marcus Annaeus: De bello civili. Hrsg. von D.R. Shackleton Bailey. Stuttgart: Teubner, 1988.
Plinius Secundus, Gaius: Natural History. Lat./Engl. Bd. 2. Hrsg. von H. Rackham. Cambridge [u.a.]: Harvard University Press, 1961.
Quintilianus, Marcus Fabius: Institutio oratoria. Hrsg. von L. Radermacher. Bd. 2. Leipzig: Teubner, 1971.
Suetonius Tranquillus, Gaius: De vita Caesarum. Hrsg. von M. Ihm. Leipzig: Teubner, 1958.
- Cäsarenleben. Übertr. und erl. von M. Heinemann. Stuttgart: Kröner, 2001.
Velleius Paterculus, Gaius: Historia Romana. Lat./Dt. Hrsg. und übers. von M. Giebel. Stuttgart: Reclam, 1989 [u.ö.].

Weiterführende Literatur

Adcock, F. E.: Caesar als Schriftsteller. Göttingen 1962.

Bleicken, J.: Die Verfassung der römischen Republik. 6. Aufl. Paderborn [u. a.] 1993.

Christ, K.: Krise und Untergang der römischen Republik. 4. Aufl. Darmstadt 2000.

Dahlheim, W.: Julius Caesar. Die Ehre des Kriegers und der Untergang der römischen Republik. München [u. a.] 1987.

– Die griechisch-römische Antike. Bd. 2: Rom. Paderborn [u. a.] 1992.

Gelzer, M.: Caesar, der Politiker und Staatsmann. Wiesbaden 1960.

Grant, M.: Caesar. London 1974.

Jehne, M.: Caesar. München 1997.

– Über den Rubicon: die Eröffnung des römischen Bürgerkriegs am 10. Januar 49 v. Chr. In: Krieger, W. (Hrsg.): Und keine Schlacht bei Marathon. Stuttgart 2005.

Kipf, S.: Lektüreunterricht im Wandel: »Caesar als Alternative zu Caesar?« In: Ders.: Altsprachlicher Unterricht in der Bundesrepublik Deutschland. Bamberg 2006.

König, I.: Der römische Staat. Ein Handbuch. Stuttgart 2007.

Meier, Ch.: Res publica amissa. Eine Studie zu Verfassung und Geschichte der späten römischen Republik. Frankfurt a. M. 1980.

– Caesar. Berlin 1982.

Oppermann, H.: Julius Caesar in Selbstzeugnissen und Bilddokumenten. Reinbek bei Hamburg 1968.

Rasmussen, D. (Hrsg.): Caesar. Darmstadt 1967.

Seel, O.: Caesar-Studien. Stuttgart 1967.

Strasburger, H.: Caesar im Urteil seiner Zeitgenossen. Darmstadt 1968.

Die Vorlagen für die Abbildungen entstammen dem Verlagsarchiv.

Die römischen Zeitangaben

21. Dez. HIEMS	21. März VER	22. Juni AESTAS	23. Sept. AUTUMNUS	21. Dez.	
	Mitternacht			VIIᵃ hora	
1.15	1.00	0.44	1.00	VIIIᵃ hora	IIIᵃ vigilia
2.31	2.00	1.29	2.00	IXᵃ hora	
3.46	3.00	2.13	3.00	Xᵃ hora	
5.02	4.00	2.58	4.00	XIᵃ hora	IVᵃ vigilia
6.17	5.00	3.42	5.00	XIIᵃ hora	
7.33	6.00	4.27	6.00	Iᵃ hora	
8.17	7.00	5.42	7.00	IIᵃ hora	
9.11	8.00	6.58	8.00	IIIᵃ hora	
9.46	9.00	8.13	9.00	IVᵃ hora	
10.31	10.00	9.29	10.00	Vᵃ hora	
11.15	11.00	10.44	11.00	VIᵃ hora	
←	Mittag		→	VIIᵃ hora	
12.44	13.00	13.15	13.00	VIIIᵃ hora	
13.29	14.00	14.31	14.00	IXᵃ hora	
14.13	15.00	15.45	15.00	Xᵃ hora	
14.58	16.00	17.02	16.00	XIᵃ hora	
15.42	17.00	18.17	17.00	XIIᵃ hora	
16.27	18.00	19.33	18.00	Iᵃ hora	Iᵃ vigilia
17.42	19.00	20.17	19.00	IIᵃ hora	
18.58	20.00	21.11	20.00	IIIᵃ hora	
20.13	21.00	21.46	21.00	IVᵃ hora	
21.29	22.00	22.31	22.00	Vᵃ hora	IIᵃ vigilia
22.44	23.00	23.15	23.00	VIᵃ hora	

Karte Galliens
zur Zeit
Caesars

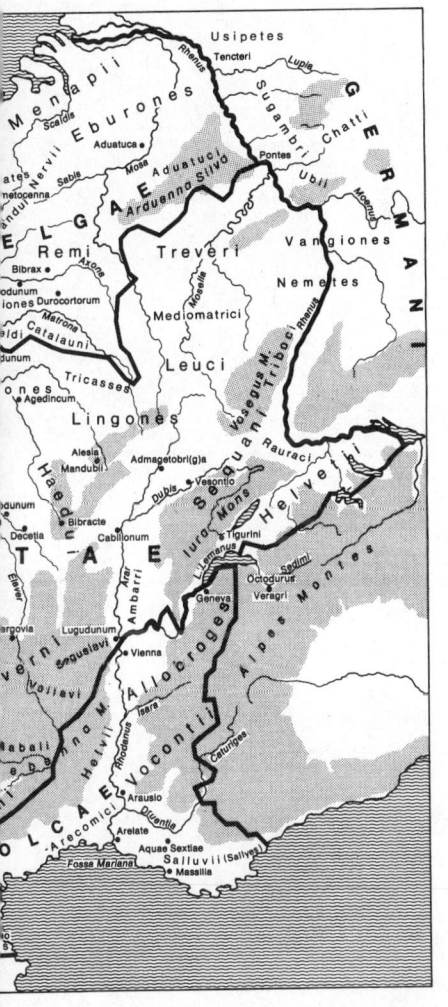

Lateinische Texte in
RECLAMS ROTER REIHE

Neben den vollständigen Texten in den zweisprachigen Ausgaben (orange) bietet Reclam die wichtigsten Werke der römischen Literatur jetzt auch in Auswahlausgaben für den Einsatz im Unterricht. Ein Kommentar am Fuß jeder Seite liefert die nötigen Sprach- und Sacherläuterungen. Für sämtliche Ausgaben dieser Reihe dient der »Standardwortschatz Latein« als Referenzvokabular.

Lateinische Grammatik.
Ein Repetitorium mit besonderer Berücksichtigung des Verbs
104 S. | UB 19782

Standardwortschatz Latein.
264 S. | UB 19780

Caesar: De bello Gallico.
Der Gallische Krieg
141 S. | UB 19783

Cicero: In Verrem.
Reden gegen Verres
87 S. | UB 19779

O vitae philosophia dux!
Lateinische Texte zum Thema
›Philosophie in Rom‹
160 S. | UB 19784

Ovid: Metamorphoses.
Der Gallische Krieg
144 S. | UB 19781